光の建築を読み解く

日本建築学会 編

彰国社

装丁　氏デザイン

はじめに

「光の目利き」のすすめ

　建築において光が重要であることはいうまでもありません。ところが、建築意匠で光を語る言葉と、建築環境工学で用いる言葉は、これまであまりにもかけ離れていて、お互いの意思の疎通はほとんどできませんでした。そこで日本建築学会環境工学委員会光環境小委員会では、光環境デザインワーキンググループ（現・光環境運営委員会光環境デザイン小委員会）を組織し、2001年からほぼ毎年、光環境デザイン・シンポジウムを開催することで、建築家と光環境技術者とのコミュニケーションを図ってきました。この一連のシンポジウムで目標としてきたものが、両者の言葉を正しく理解できる「光の目利き」を育てることでした。

　建築空間の光は、多面的で繊細な評価が必要とされるうえに、意図通りの光環境をつくり出すことが大変難しいという、なんともやっかいな対象です。しかしその分、やりがいのあるデザイン対象であるし、また面白い研究対象でもあります。そして建築空間の光は、谷崎潤一郎の『陰翳礼讃』にあるように、建築にまつわる文化の一部です。この文化をさらに成長させるためには、ロバート・パーカーというワインの「目利き」がワインをテイスティングするように、建築空間の光を、物理的な側面も含めてトータルにテイスティングできる「光の目利き」が必要です。さまざまな建築空間の光を、「光の目利き」が正当に評価し、それを受けてさらに高いレベルの光環境が実現される。そんな光文化の成長サイクルを促す「光の目利き」を育てる。本書がその一助となることを願っています。

　　　　　　　　　　　　　　　　　　日本建築学会

INDEX

はじめに	3
光の建築MAP	6
この本の使い方	8

1 明るさを知覚させる　12

舞い落ちる光｜MITチャペル	14
閉じ込められた光｜セイナヨキの教会	18
天に昇る光｜ストックホルム市立図書館	22
神秘的な光｜パンテオン	24
存在を消す光｜ウィーン郵便貯金局	25
浮遊感を与える光｜ソロモン・R．グッゲンハイム美術館	26

2 光や色の効果を増幅させる　32

光り輝くヴォールト天井｜キンベル美術館	34
襲いかかってくる色｜ヒラルディ邸	38
見せかけの青い色｜カミノ・レアル・ホテル	46
色づく壁｜リベラル・アーツ＆サイエンス・カレッジ	47
輝く白｜ファンズワース邸	51
力強い建築｜パルテノン神殿	52
情景を表す架構｜海の博物館	53
陰翳に浮かぶ障子｜旧米谷家住宅	54
祈りを誘う光｜浄土寺浄土堂	55

COLUMN

輝度の効果を推定する	中村芳樹	28
色の表現法	中村芳樹／北村薫子	42
自然光の色	中村芳樹／宮田智美	48
色の見えのモード	吉澤 望	76
光と地域性	小泉 隆	95
見え方を決める画像の合成	中村芳樹	100
建築照明のシミュレーション	吉澤 望	102

3 エッジを操作する　　56

- 七変化する壁 ｜ まつもと市民芸術館　　58
- 雲のような光 ｜ バウスヴェア教会　　62
- 始原的な光 ｜ ル・トロネ修道院　　66
- 光の紙 ｜ 光の館　　70
- 溶け出す朱色 ｜ 伏見稲荷大社 千本鳥居　　71
- 宙に漂う3つの円 ｜ ラ・トゥーレット修道院　　72
- 薄れるエッジ ｜ 青森県立美術館　　73
- 絵の具で描かれた光 ｜ ヨーガンレール丸の内店　　74
- 青いもや ｜ 浜松市秋野不矩美術館　　75
- 流体のような光 ｜ ロンシャンの教会　　80
- 光を帯びる壁 ｜ 聖イグナティウス礼拝堂　　81

4 レイヤを重ね合わせる　　82

- しみ出る図像 ｜ 駿府教会　　84
- 重ね合わされた環境情報 ｜ 金沢21世紀美術館　　88
- 時とともに変化する表情 ｜ 馬頭町広重美術館　　92
- 実在しない模様 ｜ ルイ・ヴィトン名古屋　　93
- ガラスに浮かぶ外の気配 ｜ 東京キリストの教会　　94

- おわりに　　106
- 索引　　108
- 参考文献　　110
- 図版・写真クレジット　　111

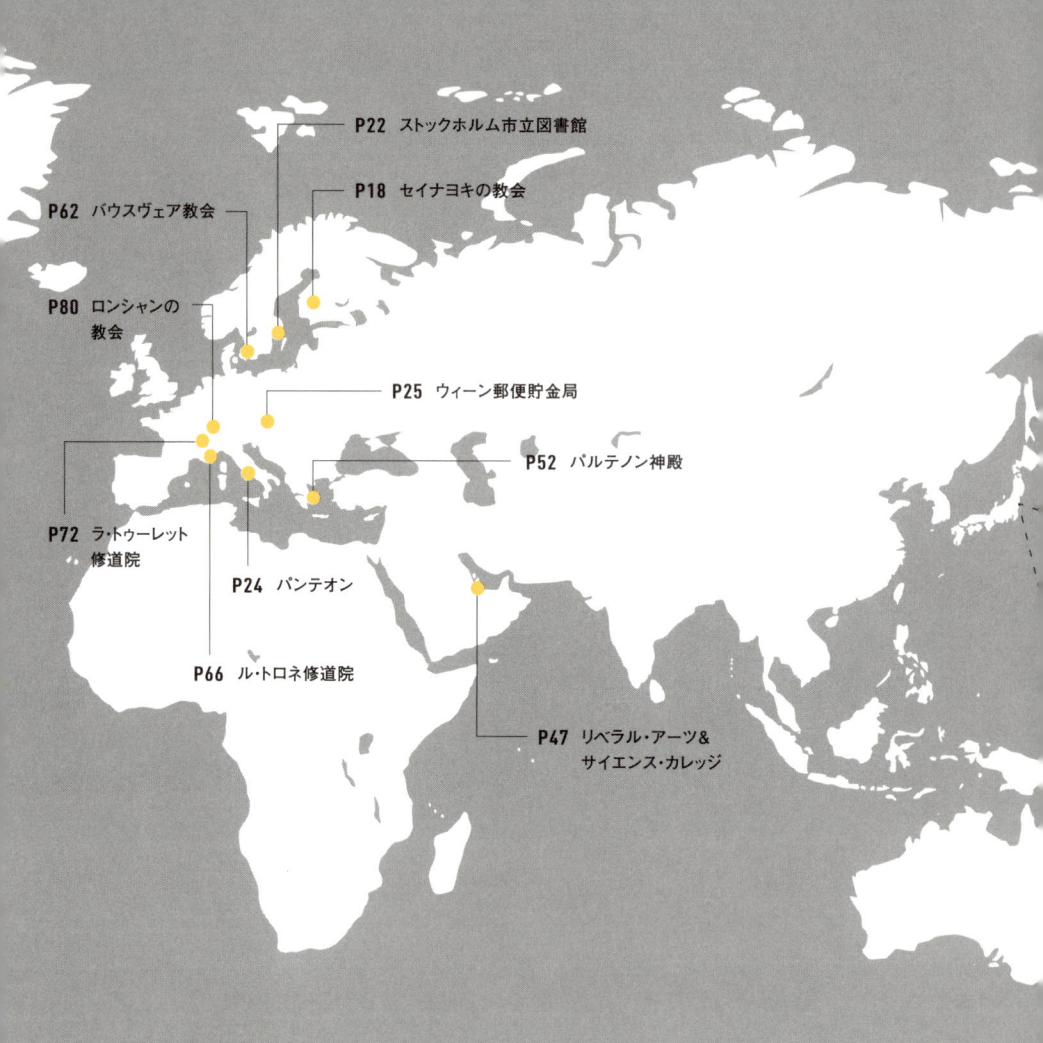

P22　ストックホルム市立図書館
P18　セイナヨキの教会
P62　バウスヴェア教会
P80　ロンシャンの教会
P25　ウィーン郵便貯金局
P52　パルテノン神殿
P72　ラ・トゥーレット修道院
P24　パンテオン
P66　ル・トロネ修道院
P47　リベラル・アーツ＆サイエンス・カレッジ

光の建築MAP

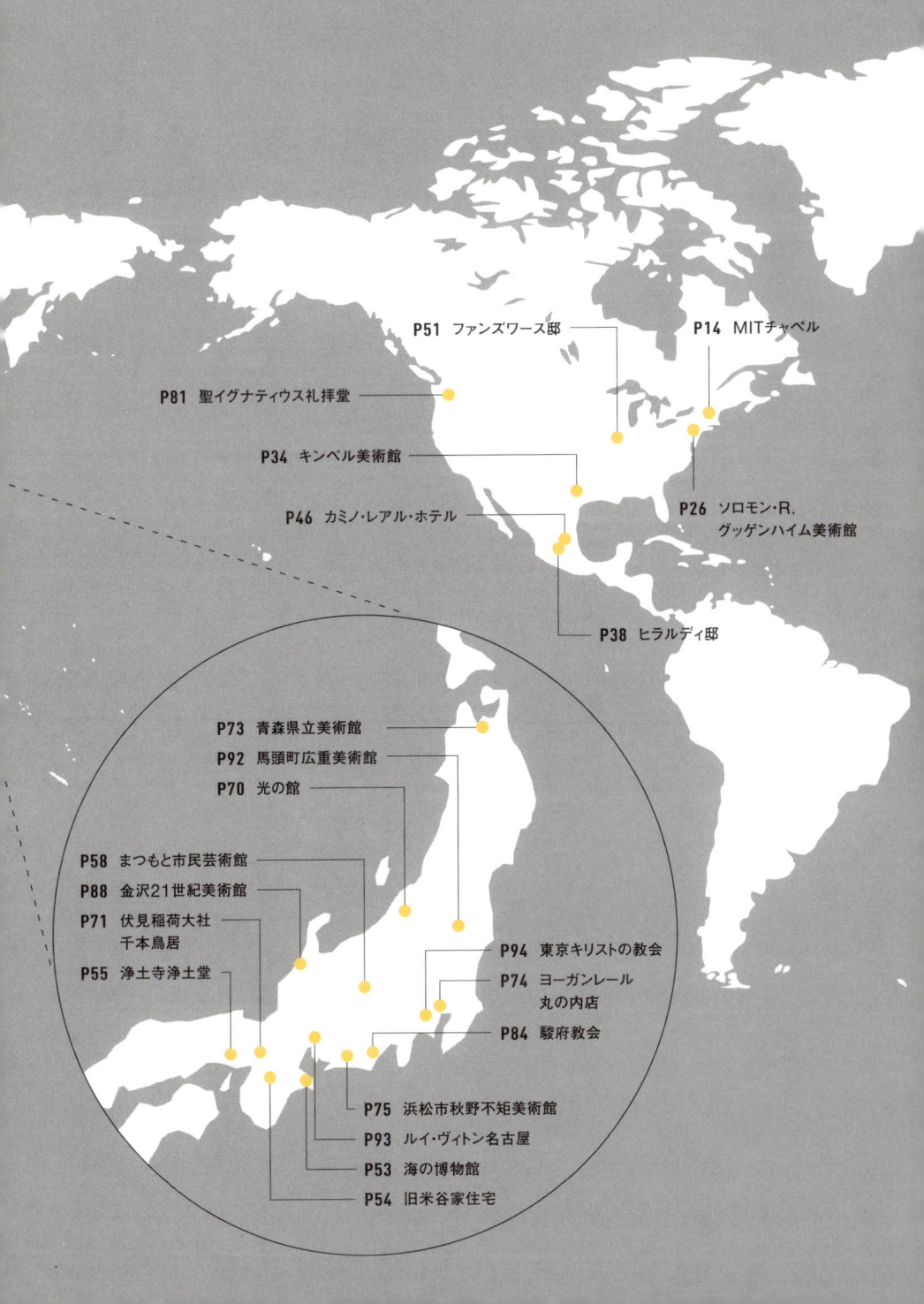

- P51　ファンズワース邸
- P14　MITチャペル
- P81　聖イグナティウス礼拝堂
- P34　キンベル美術館
- P46　カミノ・レアル・ホテル
- P26　ソロモン・R.グッゲンハイム美術館
- P38　ヒラルディ邸
- P73　青森県立美術館
- P92　馬頭町広重美術館
- P70　光の館
- P58　まつもと市民芸術館
- P88　金沢21世紀美術館
- P71　伏見稲荷大社千本鳥居
- P55　浄土寺浄土堂
- P94　東京キリストの教会
- P74　ヨーガンレール丸の内店
- P84　駿府教会
- P75　浜松市秋野不矩美術館
- P93　ルイ・ヴィトン名古屋
- P53　海の博物館
- P54　旧米谷家住宅

この本の使い方

構成について

　光の建築が呈する美しい空間、見事な光には、それらの現象が現れる何らかの条件や物理的な根拠が潜んでいる。本書では、その光の美しさの秘密を、さまざまな切り口とデータにより解き明かしていく。

　今回、国内14作品、国外17作品の計31作品をセレクトした。空間に現れる特徴的な現象により31作品を4つに大別し、「1.明るさを知覚させる」「2.光や色の効果を増幅させる」「3.エッジを操作する」「4.レイヤを重ね合わせる」として構成している。

作品解説とコラムについて

　各章の冒頭の数作品は、4ページからなる。最初のページでは、作品のハイライトとなる空間の劇的な現象をとらえ、2ページ目は、その空間の見え方や光の特徴を、輝度分布等のさまざまなデータを用いて解説する。3ページ目は、「光のセオリー」と題し、特徴的な現象が生じる物理的な条件や、人間の知覚の原理を示す。このページを読み解くことで、「なぜそんなふうに見えるの?」という疑問をきっと解決できるはずだ。4ページ目は、「光の設計手法」と題し、設計者(デザイナー、エンジニア)がこの特徴的な現象を再現、創造するための重要ポイントを示した。注意すべき要素は何か、どこにこだわってつくり込めばよいのか、といったコツを示す。「どうすればこんな光をつくれるの?」という欲求に応える1ページ。

　1ページないし2ページで紹介している作品では、写真とともに、光の特徴・原理・手法をダイジェスト版として解説する。

　また、各章にはコラムを設けた。ここでは建築の光や見え方を理解するうえでキーとなることがらを、掘り下げて解説する。少し難解な部分もあるかもしれないが、このコラムを読み込むことで、より一層、深く正確に光を理解することができるはずだ。

　ぜひ、この本を片手に、実際に光の建築を訪ね、美しい光を感じるとともに、「なるほど、そういうことか!」と納得し、解読してほしい(6頁の「光の建築MAP」も参考になるだろう)。そして、ここで得た確たる知見をもとに、新たなる光の建築を創造してほしい。

1. 美しい光の空間　　　　　2. 光の現象を知る

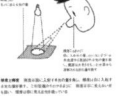

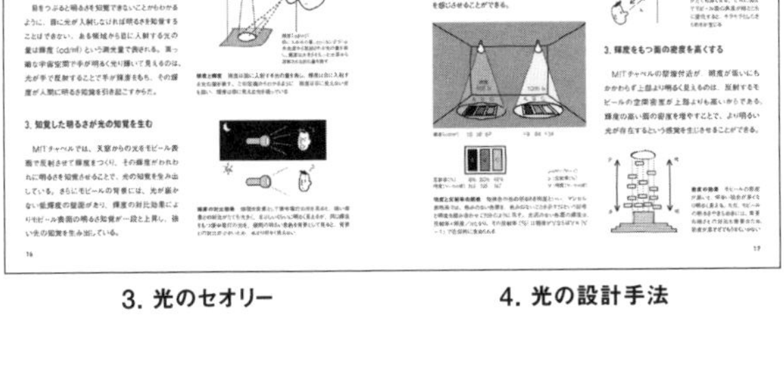

3. 光のセオリー　　　　　　4. 光の設計手法

① 光や空間の特徴を端的に示す言葉

② 建物名称、(竣工年)、設計者名。
なお、設計者名が不明確なものは省略した

③ 特徴的な光の現象をとらえた写真

④ 空間と光の現象の解説

⑤ 光の分析データ

⑥ データに基づいた解説

⑦ 物理的な条件や人間の知覚の原理を示す
「光のセオリー」

⑧ ここで紹介した光の現象をつくり出すための
「光の設計手法」

環境工学委員会　　　　　　　　　　　　　　委員長　羽山広文
　　　　　　　　　　　　　　　　　　　　　幹　事　岩田利枝　甲谷寿史　菊田弘輝
　　　　　　　　　　　　　　　　　　　　　委　員　（省略）

企画刊行運営委員会　　　　　　　　　　　　主　査　村上公哉
　　　　　　　　　　　　　　　　　　　　　幹　事　田中貴宏　中野淳太
　　　　　　　　　　　　　　　　　　　　　委　員　（省略）

光環境デザイン刊行小委員会（2013年度）　　主　査　中村芳樹
　　　　　　　　　　　　　　　　　　　　　幹　事　坂東 卓　吉澤 望
　　　　　　　　　　　　　　　　　　　　　委　員　内田 伸　北村薫子　鈴木広隆　藤村龍至

光環境運営委員会 光環境デザイン小委員会　　主　査　吉澤 望
　　　　　　　　　　　　　　　　　　　　　幹　事　坂東 卓　望月悦子
　　　　　　　　　　　　　　　　　　　　　委　員　石井大五　内田 伸　北村薫子　笹部和代
　　　　　　　　　　　　　　　　　　　　　　　　　鈴木千穂　鈴木広隆　関 博紀　中村芳樹

執筆者(数字は担当頁)
2015年現在

中村芳樹	東京工業大学	3、12-21、25、28-46、48-50、54、55、82-93、100-101
吉澤 望	東京理科大学	51、56-70、73-79、81、102-107
坂東 卓	清水建設	8-9、22-24、47、52、53、94
小泉 隆	九州産業大学	26-27、95-99
北村薫子	武庫川女子大学	42-45
伊藤匡貴	三菱地所設計	24
岡田翔太	JR東日本設計	55
小川ユウキ	デザインオフィス ルミノシティ	71
加藤洋子	東京工業大学	93
近藤秀彦	石本建築事務所	34-37
鈴尾 暁	三菱地所設計	24
鈴木千穂	遠藤照明	72、80
関根秀幸	佐藤総合計画	94
高橋 嶺	日本設計	54
日下郁美	大林組	52
山崎弘明	日本設計	46
渡辺 薫	Arup Japan	25
小澤広明	東京理科大学修士課程	58-61、73
甲斐ひろみ	東京理科大学修士課程	66-69、70
川野裕基	東京工業大学修士課程	88-91
沢木和樹	東京理科大学修士課程	62-65、75
高田祐介	東京工業大学修士課程	92
竹村祐里子	東京工業大学修士課程	18-21
村井聡一郎	東京工業大学修士課程	22-23、38-41、47
宮田智美	東京工業大学修士課程	48-50
山本真由美	東京工業大学修士課程	14-17

光があればとにかく明るく感じる。そんな認識しかもち合わせていない者に光の建築を語る資格はない。驚くほど少ない光で十分な明るさをつくり出し、驚くような効果を生み出す。それが光の建築だ。大切なのは、明るさを漠然と考えるのではなく、どこがどれだけ明るく見えるか、すなわち明るさの知覚を考えること。まずこれを理解するところから始めよう。

1

明るさを知覚させる

舞い落ちる光

MITチャペル（1955）

設計：エーロ・サーリネン

木の葉のようにちらちらと光が祭壇の上に舞い落ちてくる。舞い落ちる光は祭壇に近づくほどにその輝きを増し、最高潮を迎える祭壇付近では、説教する司祭の背後に神々しく後光が射す。ここでは「光あれ」という言葉を敬虔(けいけん)な気持ちで体験することができる。

輝度画像 写真のように画像として測定された輝度が、ここでは色の違いとして表示されている（疑似カラー表示）。天井からつり下げられたモビールが、比較的高い輝度を持ち、祭壇付近ではその密度が高いことがわかる

光源からの距離と照度の関係 法線方向（光の照射方向に垂直な方向）の照度は、光源の大きさが十分小さい場合、光源からの距離の逆2乗則に従って小さくなり、さらに法線方向からずれ、面に入射する角度が垂直から傾けば、余弦則に従って小さくなる

光の量は天窓からの距離の2乗に反比例

　舞い落ちる光はもともと天窓から降り注ぐ光である。降り注ぐ光の量は照度（ルクス：lx）で表されるが、光源の大きさが十分小さい場合、照度は光源からの距離の2乗に反比例するという性質がある。光源である天窓から届く光の量は、天窓から離れれば離れるほど小さくなり、天窓のそばが最も照度が高く、祭壇の付近ではかなり下がっている。ところがわれわれには、天窓のそばでは光が少なく、祭壇の付近では光が増幅しているように見える。照度の値ではわれわれの印象を説明することはできない。

光を受けるモビール

　祭壇の後ろには、天井からつり下げられたモビールがある。よく見ると、つり下げられたモビールは祭壇付近では多く、天井付近では逆にまばらで、モビールの密度が操作されていることがわかる。われわれの目は、モビールの「明るさ」から光の量を推定している。祭壇付近では、多くの明るいモビールがあることによって光を強く感じ、モビールがまばらにしかない天井付近では光をあまり感じない。空中で木の葉のように舞うこのモビールは、さらにある程度の光沢をもっていて、表面で正反射（鏡面反射ともいう。平らな面で生じる、入射角と反射角が等しい反射）した光が目に入射するモビールも幾つかあり、きらめきも感じられる。

光のセオリー

光の知覚は目に見える明るさから生じる

1. 照度と知覚する明るさは結びつかない

　自分が真っ暗な宇宙空間に漂っていて、その目の前を横方向から大量の光が通り抜けているとしよう。このとき手を伸ばすと、手は光を受けて光り輝き、照度がとても高いことがわかる。ところがその手を引っ込めると、目に見えるのは真っ暗な宇宙空間だけで、明るさを全く感じなくなる。しかしもちろん照度に違いはない。照度は光の量を表すが、知覚する明るさとは直接結びつかない。

モビールがないとチャペルは真っ暗　もしモビールがないと、目に見えるのは背景の暗い壁だけになり、空間は真っ暗に見える。しかしながら、もちろん、天窓から入る光の量は同じである

2. 光の知覚には輝度が必要

　目をつぶると明るさを知覚できないことからわかるように、目に光が入射しなければ明るさを知覚することはできない。ある領域から目に入射する光の量は輝度（cd/㎡）という測光量で表される。真っ暗な宇宙空間で手が明るく光り輝いて見えるのは、光が手で反射することで手が輝度をもち、その輝度が人間に明るさ知覚を引き起こすからだ。

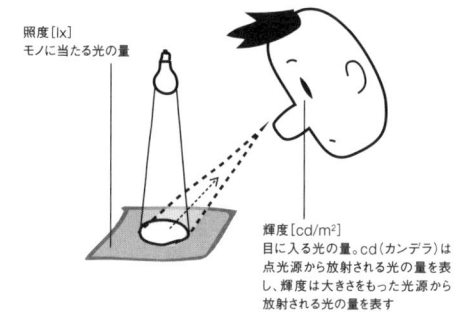

照度[lx]
モノに当たる光の量

輝度[cd/㎡]
目に入る光の量。cd（カンデラ）は点光源から放射される光の量を表し、輝度は大きさをもった光源から放射される光の量を表す

照度と輝度　照度は面に入射する光の量を表し、輝度は目に入射する光の量を表す。この定義からわかるように、照度は目に見えない光を扱い、輝度は目に見える光を扱っている

3. 知覚した明るさが光の知覚を生む

　MITチャペルでは、天窓からの光をモビール表面で反射させて輝度をつくり、その輝度がわれわれに明るさを知覚させることで、光の知覚を生み出している。さらにモビールの背景には、光が届かない低輝度の壁面があり、輝度の対比効果によりモビール表面の明るさ知覚が一段と上昇し、強い光の知覚を生み出している。

輝度の対比効果　暗闇を背景として懐中電灯の光を見ると、暗い背景との対比がとても大きく、まぶしいくらいに明るく見えるが、同じ輝度をもつ懐中電灯の光を、昼間の明るい景色を背景として見ると、背景との対比が小さいため、あまり明るく見えない

光の設計手法

目に見える光をつくる

1. 輝度をつくり明るさを知覚させる

　光を知覚させるためには、ただ光があるだけでは不十分で、輝度をつくり出す工夫が必要になる。輝度をつくり出す一つの方法が、光が与えられている場所に反射面を設置するという方法である。そして条件が同じなら、輝度が高い方がより明るく感じる。反射面に入射した光は、その光沢度に応じて拡散反射と正反射に分解され、光沢のない面（均等拡散面）の輝度は、面の反射率と照度に比例し（輝度＝反射率×照度／π）、反射率は色の明度から求められる。光を感じさせたい位置に明度の高い白色板を置くと、最も効率よく光を感じさせることができる。

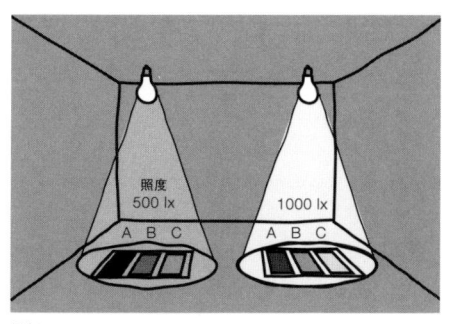

照度 500 lx　　　1000 lx
A B C　　　　　A B C

輝度 [cd/m²]　10 32 67　　　19 64 134

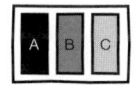

反射率 [%]　　6%　20%　42%
明度 [マンセル値]　N3　N5　N7

$ρ ≒ V×(V−1)$
$ρ$：反射率 [%]
V：明度 [マンセル値]

明度と反射率の関係　物体色の色の明るさを明度といい、マンセル表色系では、色みのない色票を、色みのないことを示すNという記号と明度を組み合わせてN9のように示す。光沢のない色票の輝度は、反射率×照度／πとなり、その反射率（%）は明度がVならV×（V−1）で近似的に求められる

2. 光沢や背景との対比を利用する

　同じ明度をもつ表面であっても、光沢があれば、光が正反射する方向の輝度だけがかなり高くなる。正反射の方向と人が見る視線方向を一致させ、背景との対比を利用すれば、明るさだけでなく輝きを生み出すこともできる。さらに、MITチャペルのモビールのように角度が風などで常時変化する仕組みを組み合わせれば、輝きからきらめきを生み出すこともできる。

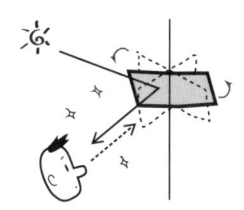

光沢の効果ときらめき　モビール面に光沢があると、光の一部が正反射し、正反射の方向と視線方向が一致すると輝きが非常に高くなり、明るさ知覚がとても高くなる。これに加えてモビール面の角度が時とともに変化すると、キラキラとしたきらめきが生じる

3. 輝度をもつ面の密度を高くする

　MITチャペルの祭壇付近が、照度が低いにもかかわらず上部より明るく見えるのは、反射するモビールの空間密度が上部よりも高いからである。輝度の高い面の密度を増やすことで、より明るい光が存在するという感覚を生じさせることができる。

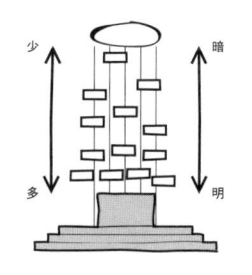

密度の効果　モビールの密度が高いと、明るい部分が多くなり明るく見える。ただ、モビールの明るさやきらめきには、背景の暗さとの対比も重要なため、密度が高すぎてもうまくいかない

17

閉じ込められた光

セイナヨキの教会（1960）

設計：アルヴァ・アールト

それほど大きくない側窓から入った光は、白い空間に閉じ込められ、不思議なほどの空間の明るさをつくり出す。礼拝者の視点から見て最大化するようにデザインされたその明るさは、時とともに変化するものの、天候が悪くとも失われない。

白く大きな側壁がもたらす空間の明るさ

　T字形に下部が絞られた側窓から導かれた天空光、そして北欧特有の低い高度の太陽からの直射光は、反射板としての役割を果たす北側の白い壁面によって拡散され、室内全体を明るく満たす光に変容する。

まぶしさを抑えることで確保される明るさ

　参列して席に着いた礼拝者がまっすぐ祭壇の方向を見たときに、輝度の高い天空や屋外が見えないように、窓の形状、列柱の位置、柱上部の形状が巧みにデザインされている。これにより礼拝者の順応輝度は上がらず、十分な明るさを知覚することができる。

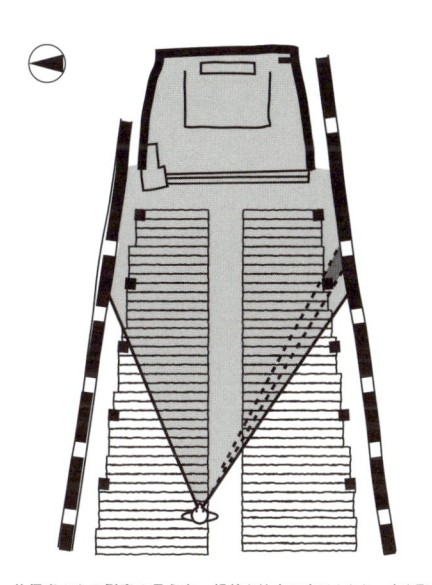

デザインされた側窓の形　祭壇を挟み込む北側と南側の側壁に設けられた窓は、T字形に下部が絞られた形となっている。室内により多くの光を取り入れようとすると、可能な限り大きな窓としがちだが、それでは白く明るい空間をつくり出すことはできない

拡散光をもたらす側窓の脇壁　側窓から入射した光が最も強く届くのは、窓と向かい合う反対側の側壁である。この側壁に大きな窓があると届いた光は全て外に抜けてしまうが、窓の下部がT字形に絞られていることによって、反射板として働く脇壁ができ、この壁が光を拡散し、空間全体を明るく満たす光を提供する

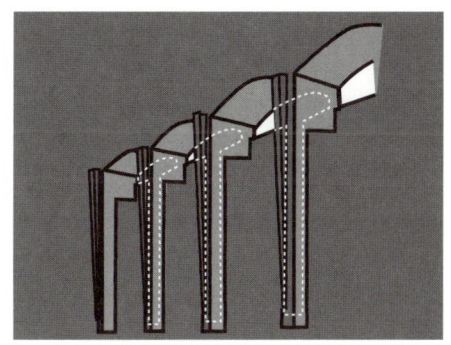

礼拝者からの側窓の見え方　視線を前方に向けたとき、光を取り入れる側窓は列柱の陰に隠れてあまり見えない。また側窓上部の広がった部分も、柱の上部に取り付けられた板状の装置によって目隠しされている

T字形の側窓を隠す仕組み　T字形の側窓（白い破線で示している）は、列柱と柱上部の梁により、礼拝者からはあまり見えない

19

光のセオリー

空間の明るさは間接光で決まる

1. 間接光がなければ空間は真っ暗

空間の光は、窓や電灯などの光源から直接与えられる光（直接光）と、直接光が空間の中で相互に反射した結果の光（間接光）から構成される。通常の部屋では直接光が支配的だが、直接光は上から下へ床などを照らすだけのものが多く、仮に間接光がなければ、天井や壁が真っ暗になる。

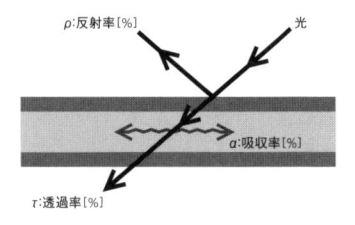

光の反射、透過、吸収 ある面に当たった光は、反射するか、透過するか、吸収されるかされ、吸収された光は失われる。反射率＋透過率＋吸収率＝1となる。反射率の低い黒い色は、ほとんどの光を吸収してしまう

2. 間接光の量は反射面で決まる

光を全く吸収しない理想的な白い面（反射率100％）で密閉された空間を構成して、内部に1つの光源を与えれば、理論上は無限の明るさをつくり出すことができる。しかしその中の1つの面が理想的な黒い面（吸収率100％）だと、その面に当たる光は全て吸収され、間接光はほとんど生じなくなる。

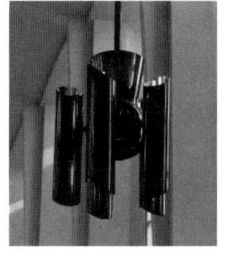

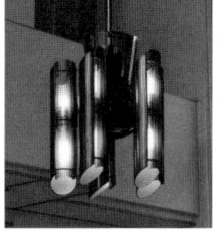

照明器具 セイナヨキの教会では、礼拝者の目に照明器具の光源が見えないような工夫がなされている（左は礼拝者からの見え方、右は祭壇方向からの見え方）

3. 空間の明るさは光を知覚する人の状態で変わる

空間の明るさは人が見て知覚するものであり、人の知覚は、目の状態や輝度の分布状態によって変化する。視野の中に高輝度の部分があると、人の目はその輝度に引きずられて高い輝度に順応し、全体として知覚する明るさが低下する。さらに高い輝度の周辺部分は、対比効果によって一段と暗く見える。

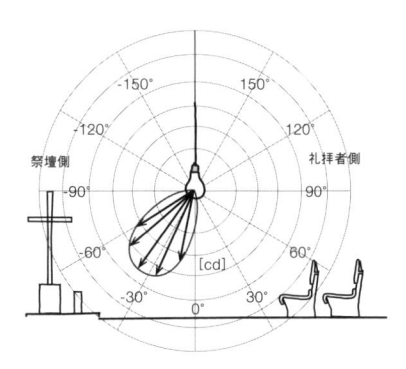

配光曲線 照明器具から発せられる光の方向は配光曲線という図で表される。セイナヨキの教会に取り付けられた照明器具の配光曲線は、上図のように主に祭壇側に光が放射されるものとなる

光の設計手法

相互反射を利用し、順応・対比も考慮する

1. 相互反射する面を設定する

　間接光を増やすためには光の相互反射を増やせばよい。相互反射を増やす最も有効な方法は、大きな白い面を向かい合わせに設置することである。直方体のような空間で、向かい合う前後、左右、そして上下の全ての壁を白くすると、間接光は非常に多くなる。

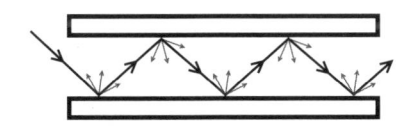

向かい合う白い面の効果　2つの白い面が向かい合っていると光は効率よく相互反射する

2. 直接光を反射させる

　間接光を増やして空間を明るくするためには、光源の直接光が当たる部分を白く、反射率の高いものとするのが効果的だ。側窓採光では、窓の向かい側の壁に屋外からの光が直接入るから、この壁を白くすると効果は大きい。

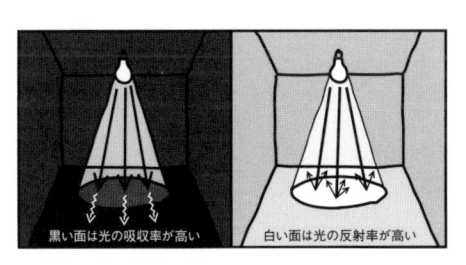

黒い面は光の吸収率が高い　　白い面は光の反射率が高い

直接光を明るい色の面に当てる　光源からの直接光を有効に利用するために、直接光を受ける部分を白く、反射率の高いものにする

3. 視野内の高輝度部分を避ける

　視野の中に高輝度部分があると、その高輝度に目が順応してしまい、明るさを感じにくくなり、対比の効果でさらに暗く見える。少ない光で明るさを感じさせるためには、高輝度部分を視野から排除する工夫が必要だ。

順応輝度を上げない工夫　昼光を導入する際、光源となる天窓を視野に入れないようにし、導入された光を壁に当てるようにすれば、とても明るい空間ができる

4. 暗い部分を意識的につくる

　全ての面の輝度が高いと、人の目はその高い輝度に順応してしまい、明るさを感じにくくなる。利用者の目が過度に高い輝度に順応してしまわないように、暗い色を意図的に配置して輝度の低い領域をつくると、知覚する明るさが上昇する。

順応輝度を下げる工夫
セイナヨキの教会では祭壇部分の植栽が順応輝度を下げる役割を果たしている

21

天に昇る光

ストックホルム市立図書館（1928）

設計：グンナー・アスプルンド

設計者のアスプルンドは、白壁に凹凸を付け、空に漂う雲を表現したというが、近年書棚の上にアッパーライトが追加されたことにより、凹凸の下面がより明るくなり、下から上への光の方向がさらに強調された。実際には、凹凸の上面に埃が付着し、輝度変化が生じていることから、対比効果によって明るい雲がただよっているように見える

シークエンスによる明るさと鮮やかさの増幅

建物正面からエントランスホールに入り、階段を上るまでの数十秒間、視野全体が黒く暗い空間に包まれる。そして、階段を上りきると、明るいロトンダ（円筒形の閲覧室）へたどり着く。

暗い空間に一定時間順応した後に、明るい空間へ移動すると、われわれの目は明るい空間はより明るく、鮮やかな空間はより鮮やかに感じる（時間履歴を考慮した明るさ知覚という）。この建築では、写真だけでは味わうことのできない、暗・明を駆使したシークエンスによる光の演出が見事に展開されている。

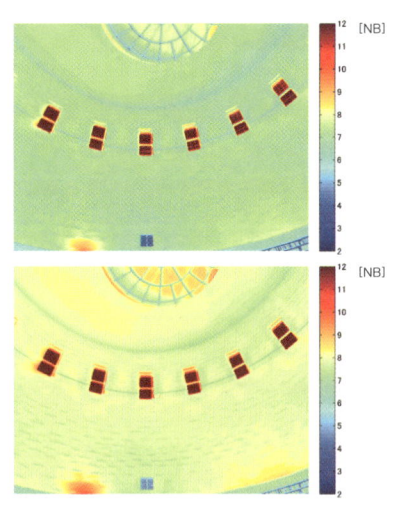

順応時間による明るさ尺度値の変化　上：空間に順応した後の明るさ画像。下：エントランスから黒い空間を通り抜け閲覧室に入った直後の明るさ画像（NB：明るさ尺度値）。黒い空間を通り抜けた直後は、順応後に比べ、空間全体が明るく見える

黒い壁で覆われたエントランスホールと階段

階段を上りきった位置(閲覧室中央)より見上げる。内部の照明を点灯した状態

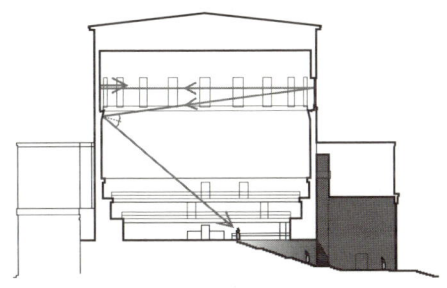

断面図 エントランスから閲覧室まで黒く暗い空間を通り抜ける。閲覧室の高い側窓と、見る人の位置関係により、張り出した下半分の壁の輝度が高くなる

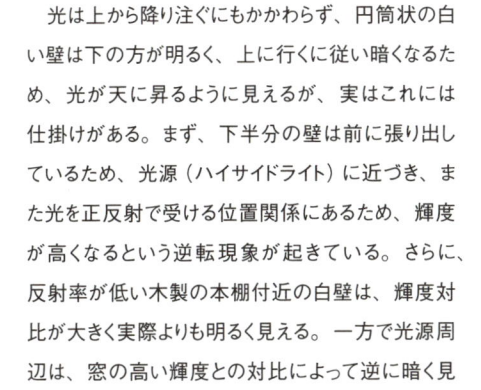

光が天に昇る2つの仕組み

　光は上から降り注ぐにもかかわらず、円筒状の白い壁は下の方が明るく、上に行くに従い暗くなるため、光が天に昇るように見えるが、実はこれには仕掛けがある。まず、下半分の壁は前に張り出しているため、光源(ハイサイドライト)に近づき、また光を正反射で受ける位置関係にあるため、輝度が高くなるという逆転現象が起きている。さらに、反射率が低い木製の本棚付近の白壁は、輝度対比が大きく実際よりも明るく見える。一方で光源周辺は、窓の高い輝度との対比によって逆に暗く見える。このように、巧みに輝度をコントロールすることで、光が上昇するかのように感じるのだ。

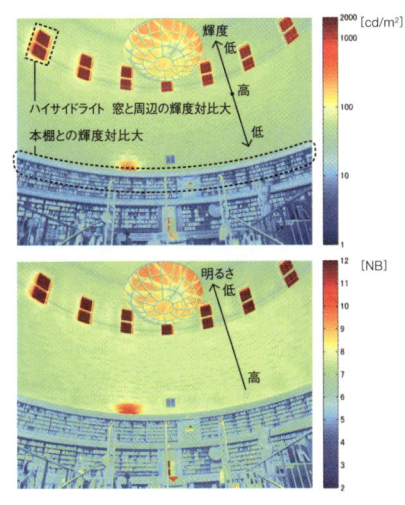

輝度画像(上)と明るさ画像(下) 内部の照明を全て消灯した状態で撮影。本棚に近い白壁が明るく、天井近くが暗く見えることがわかる

神秘的な光

パンテオン（128）

天井の凹み（格間）は、軽量化のための意匠とされているが、陰をつくり天井面の平均輝度（背景輝度）を下げるため、輝度の対比効果をより大きくしている

唯一の開口がつくる光の輪

円形の天窓から差し込む日光が、薄暗い大空間にまばゆい光の輪を描く。幾何学的な空間に光の輪が移ろいゆくさまは、秩序的でありながら、神秘性を感じさせる。

この空間の光源は直径9mの天窓ただ1つで、全体の光量は少なく、空間全体の平均輝度は低い。内部にしばらくいると次第に低輝度に順応し明るさを感じやすくなる中、輝度対比の効果により照らされた部分はより強く光り輝いて見える。

天窓より降り注ぐ光線

天窓から降り注ぐ直射日光は、空間に一筋の光線をつくり出す。暗い空間の中で、直射日光が埃に反射し周囲に比べ非常に高い輝度が生じるため、光の筋のように見える。

晴れの日。天井面に浮かび上がる光の輪。このとき、光の輪の輝度は1,000cd/m^{2}近くなり、周囲の天井面の平均輝度は100cd/m^{2}を下回る。内部の空気がきれいで（埃が少ない）、空の霞が少ないほど、光の輪と周囲の輝度対比が大きくなるため、より一層光の輪が輝きを放つ

存在を消す光

ウィーン郵便貯金局（1912）

設計：オットー・ワーグナー

自然光を拡散させながら取り込んだ均一で明るいエントランスホール

影が落ちない空間

　ウィーン郵便貯金局のエントランスホールは、当時まだ目新しかった鉄とガラスを組み合わせた半透明のガラス天井が特徴である。このガラス天井は、丸みを帯びた内屋根の上にさらに三角形の外屋根をかけるという二重構造をもち、どのような自然光であっても、柔らかな拡散光に変化させて内部に取り入れることができる。

　ホールを歩くと、自分の影が周囲にほとんど落ちていないことに気づき、ふわふわと宙に浮いたような、光に包まれているような印象を受ける。

ホールを拡散光で満たす工夫

　ガラス天井、ガラスブロック床、漆喰や大理石張りの白を基調とした壁によって構成されたホール空間では、全ての面があたかも面光源のように機能し、光の指向性は弱められ、明瞭な影が落ちることがなく、存在を消す光が生み出されている。さらにホールとその直下の事務室を隔てる床面のガラスブロックは、ホールの光を拡散させながら事務室に浸透させる光の装置としても機能している。

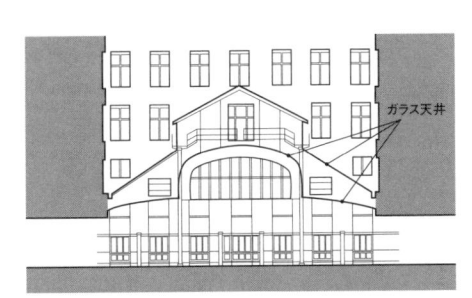

エントランスホール断面図　光を拡散させるために、今では考えられないほどの大がかりな工夫が施されている

浮遊感を与える光

ソロモン・R. グッゲンハイム美術館（1959）

設計：フランク・ロイド・ライト

拡散光に満ちた中央ホール1階から見上げる。先つぼまりの断面形とその先の明るいスカイライトによって鉛直性が強調される。2層のガラスで構成されたスカイライトは、中央に向かい、明るさ、奥行き感が3段階になるよう素材の組み合わせを違えている

不思議なシークエンス体験

　入館してすぐエレベータで最上階まで昇り、その後、重力に導かれ螺旋状にゆっくりと斜路を降りながら展示作品を鑑賞する。途切れることなく連続するこの体験は、重力感が失われ浮遊するような不思議な感覚に支配される。最下階の水平な床にたどり着き、ホールを見上げ鉛直性を確認することで、日常世界に立ち戻る。

空間定位と光

　人間は通常、水平面や鉛直面、物質性の高い要素を知覚することで空間に自分を位置づけている（空間定位）。一方、白い拡散光が視野全体を一様に満たす〈等質視野〉は最も空間定位がしにくい状況だ。要素の〈色の見えのモード〉（76頁参照）においては、〈モノ〉らしい見え方である表面色ではなく、〈モノ〉らしさが消失し〈光〉として認識されやすい面色や鏡映色などに囲まれると空間定位がしにくくなる。

ホール越しに見た螺旋状に連続・積層する展示空間。吹き抜けに満ちた拡散光と外周壁部に集中する光

注：図面3点とも、資料が確認できない部分や素材については推測にて作成・記載

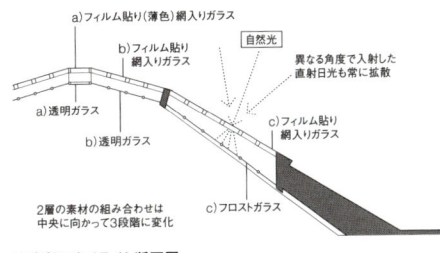

中央部スカイライト断面図

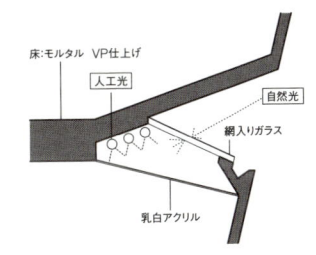

a) フィルム貼り（薄色）網入りガラス
b) フィルム貼り 網入りガラス
自然光
異なる角度で入射した直射日光も常に拡散
a) 透明ガラス
b) 透明ガラス
c) フィルム貼り 網入りガラス
c) フロストガラス
2層の素材の組み合わせは中央に向かって3段階に変化

外周部スカイライト断面詳細図

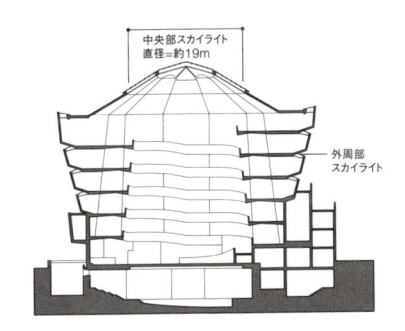

床：モルタル VP仕上げ
人工光
自然光
網入りガラス
乳白アクリル

全体断面図

中央部スカイライト 直径＝約19m
外周部スカイライト

自然光と人工光が注ぐ展示空間。斜めの床、床に満ちた反射光、鑑賞者のシルエットなどが不思議な感覚を与える

中央ホールを満たす拡散光

　2層のガラスで構成された中央部スカイライトは、外側のガラスにフィルムが貼られているため、異なる角度で入射した直射日光も常に拡散させホールに安定した光をもたらす。ホールに満ちた拡散光は人や物体の明瞭な影を生じさせず、ホールはぼんやりとした雰囲気に包まれる。ホールの形態は、上に向かって先つぼまりで鉛直性をもつが、先端で輝く光がそれをより強調する。

展示空間の光と作品

　外周の渦巻き状壁面の隙間に設けられたスカイライト部（人工照明組み込み）と、天井付け人工照明によって、展示作品および外周壁部に光が集中する。吹き抜け側から望むと、外周部に満ちた光を背景に鑑賞者はシルエットになる。平滑な床面には反射光が満ち、鑑賞者の影や作品の像が反映する。展示作品は外周壁から独立して、床の勾配に合わせて斜めに展示されている。

光と形態の相互作用

　ここでの浮遊するような不思議な感覚は、通常とは異なる視覚的枠組みをつくり出す、螺旋という大胆な形態構成が主要因であるが、光や影を反映した床面、ホールに満ちた拡散光といった光と形態の相互作用によってつくり出されているのである。

輝度の効果を推定する

中村芳樹

COLUMN

輝度の効果の推定には画像が必要

　色を別にすれば、環境の中でわれわれが見ているものは、環境が輝度分布という形で表出したものであって、環境の見え方は輝度分布によって決まる。すなわち、これまで本書の事例紹介で繰り返し述べられてきたように、見ようとする対象（視対象）がどのように見えるかを推定するためには、視対象の輝度の値を知らなければならない。しかし、視対象の見え方は、その輝度値だけでは決まらない。たとえばMITチャペル（14頁）のモビールの場合、モビールが明るく輝くためには、モビールの輝度が高いだけでなく、その背景の輝度が低いことが必要であった。もし仮に背景の輝度がモビールと同じであれば、モビールの存在を知覚することさえできないし、逆に背景の輝度の方が高いと、モビールは暗いシルエットにさえ見える。このように、環境の見え方を検討するためには輝度分布が画像として測定されていることが必要で、さらにある視対象の見え方は、背景との間の輝度コントラストに基づいて推定されなければならない。

輝度コントラストの計算法

　輝度分布が画像として測定されていれば、その範囲の環境の見え方を正確に記録しているといえるが、さまざまな部分の見え方を推定するためには、その部分（視対象）と背景との輝度コントラストの大きさを、測定された輝度画像から算出しなければならない。視対象と背景がはっきりと分かれた単純な図形なら、輝度コントラストは簡単に算出できるが、現実環境では輝度は分布しており、視対象と背景の範囲を定義することさえ難しい。複雑な輝度画像から輝度コントラストを算出する方法の一つがコントラスト・プロファイル法である。この方法では、図1に示すようなマトリックスの中央の正の部分を検討する視対象部分に合わせ、マトリックスの各ピクセルに対応する部分の対数輝度を、このマトリックスの値で重み付けし、全体を加算することで輝度コントラストを算出する。

　視対象のサイズを特定しがたい場合、コントラスト・プロファイル法では、検出するサイズを小さいものから大きいものへ変化させていき、算出さ

-9.03E-09	-6.90E-07	-1.40E-05	-8.14E-05	-1.45E-04	-8.14E-05	-1.40E-05	-6.90E-07	-9.03E-09
-6.90E-07	-4.77E-05	-8.51E-04	-0.00434	-0.0073	-0.00434	-8.51E-04	-4.77E-05	-6.90E-07
-1.40E-05	-8.51E-04	-0.01213	-0.04447	-0.06025	-0.04447	-0.01213	-8.51E-04	-1.40E-05
-8.14E-05	-0.00434	-0.04447	-0.03736	0.094129	-0.03736	-0.04447	-0.00434	-8.14E-05
-1.45E-04	-0.0073	-0.06025	0.094129	0.490492	0.094129	-0.06025	-0.0073	-1.45E-04
-8.14E-05	-0.00434	-0.04447	-0.03736	0.094129	-0.03736	-0.04447	-0.00434	-8.14E-05
-1.40E-05	-8.51E-04	-0.01213	-0.04447	-0.06025	-0.04447	-0.01213	-8.51E-04	-1.40E-05
-6.90E-07	-4.77E-05	-8.51E-04	-0.00434	-0.0073	-0.00434	-8.51E-04	-4.77E-05	-6.90E-07
-9.03E-09	-6.90E-07	-1.40E-05	-8.14E-05	-1.45E-04	-8.14E-05	-1.40E-05	-6.90E-07	-9.03E-09

図1 **輝度コントラストを算出するためのマトリックス** コントラスト・プロファイル法では、グレーで示された部分を、輝度の効果を検討する部分の大きさに調整し、このマトリックスの値を使って対数輝度を重み付け加算すると輝度コントラストが求まる

れる輝度コントラストが最大になる値をもって、視対象と背景の輝度コントラストと定義する。

輝度コントラスト評価図

ある視対象がわれわれに見えるかどうか（視認性）、どの程度明るく見えるか（明るさ知覚）、どの程度のまぶしさを感じるか（グレア評価）は、その対象の視角サイズ、輝度コントラスト、輝度値によって推定できることがわかっている。すなわち、視角サイズが決まれば、前述の方法で算出した輝度コントラストと視対象付近の対数輝度平均より、これらの見え方の様子が推定できることになる。輝度コントラストと視対象付近の対数輝度平均をプロットしたグラフを輝度コントラスト評価図（CA図）といい、これを用いて、視認性や明るさ知覚、グレアの程度を推定する方法が開発されている（図2）。

輝度コントラスト評価図では、縦軸は輝度コントラストの大きさを示し、0はコントラストがない状態、すなわち視対象が背景から分離して見えない状態を示し、0より大きいものは視対象が背景よりも明るく見える正対比を、0より小さいものは視対象が暗く見える逆対比の状態を表す。したがって、MITチャペルのモビールでは輝度コントラストは正の値を、白い紙に書かれた黒い文字は負の値をもつことになる。一方横軸は、視対象周辺領域の対数輝度平均の大きさを示していて、視対象が反射物の場合なら、照度の対数値に対応した値となる。この図を用いてグレアを評価しようとする場合、この図の右上にプロットされるほどグレアの程度が強いことになる。

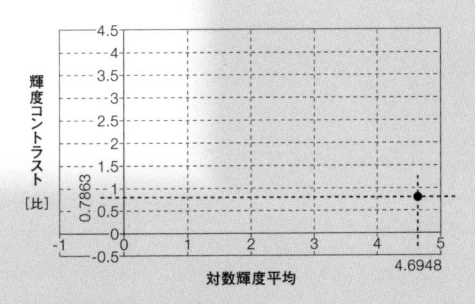

図2 **輝度コントラスト評価図（CA図）** 輝度の効果を推定する対象について、輝度コントラストの値と対数輝度平均の値をプロットした図で、対象のサイズを考慮すれば、視認性や明るさ知覚、グレア評価が推定できる

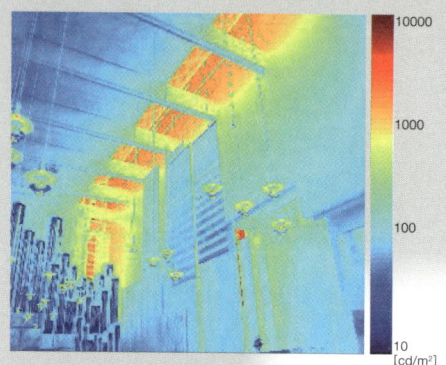

図3 疑似カラー表示した輝度画像 輝度画像の各ピクセルは輝度値をもっている。その値が参照できるように、右側のカラーバーに則って表示する色を変えている

図4 輝度画像をもとに変換されたリアル・アピアランス画像
この画像を出力条件と同じ環境で見れば、白黒写真としての見え方が、ある程度保証される（出力条件＝周辺輝度：1cd/m^2、画面最高輝度：200cd/m^2、Overflow：0.21%）

輝度画像を表示する2つの方法

輝度画像は、しばしば青から赤に色づいたカラー画像として表示される。これは、画像内の各ピクセルの輝度値が参照できるよう、輝度の値を特定の色に割り当て、カラー画像として表示したものである（疑似カラー表示という、図3）。たとえば、10,000、1,000、100、10cd/m^{2}の輝度値をそれぞれ赤、オレンジ、水色、青に割り当て、これらの色と輝度の関係を示すカラーバーとともに提示される。表示する輝度のレンジはしばしば異なるから、カラーバーを見て確認することが必要となる。

一方、輝度画像にはもう一つ重要な表示法がある。それは白黒写真としての表示法である。

われわれは普段、環境の見え方を伝えるために、その環境を撮影した写真を利用しているが、環境の白黒写真をカメラで撮影するということは、実は環境の輝度分布を画像として簡易的に測定することを意味している。そして撮影された白黒のデジタル写真を、しばしばPCモニター上に表示して見ているが、モニター表面の各ドットには小さなRGB（赤緑青）の発光体が並んでいて、白黒写真を表示する場合はこれらが同じように発光し、その発光量は輝度として測定できるから、白黒写真を表示したモニターは輝度画像として表現できることになる。すなわち、実環境で測定した輝度画像を、モニター上に輝度画像として表示して見ているといえる。これが輝度画像のもう一つの表示法だ。モニター上に輝度画像として表示されると、その環境の雰囲気や見え方が直接体感できる。実環境の輝度分布と正しい対応関係にあれば、非常に有効な表示法である。

現実環境で測定した輝度範囲が、モニターで再現できる輝度範囲に収まっていれば、そのままの輝度をモニター上に表示すればよい。しかしながら、通常の現実空間の輝度分布は、0～数千、場合によっては数万cd/m^{2}の範囲にあり、モニター上にはそのまま表示できないため、カメラ撮影の際に、露出を調整するなどして、画像データをモニターに表示したときに不自然に見えないように調整しているが、通常のカメラ・システムでは、その方法を明示的に示すアルゴリズムはない。

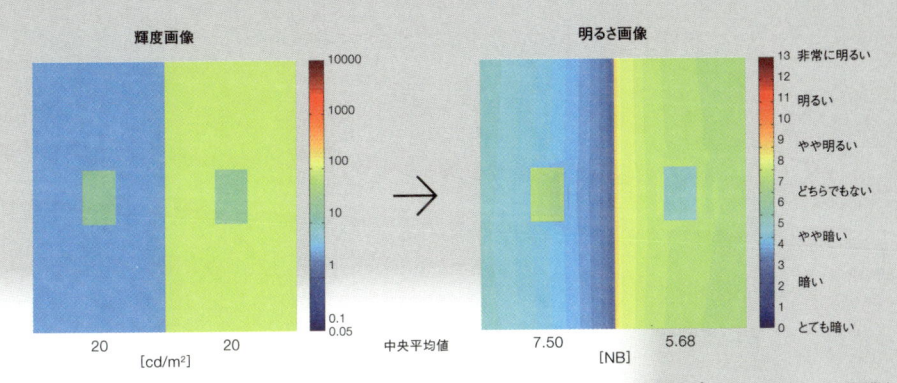

図5 **輝度画像と明るさ画像** 左に示すのは、明るさの同時対比が生ずる輝度画像で、中心の部分は20cd/m^{2}の値をもっている。この画像を変換して求めた明るさ画像が右側で、中心部分の明るさ知覚が異なる状態が数量として示されている

輝度の効果を推定する画像変換

現実環境で測定した輝度画像とPCモニター上に表示する輝度画像の対応関係を明示的に示したものが、リアル・アピアランス画像である（図4）。リアル・アピアランス画像では、ウェーブレット変換[*1]と呼ばれる画像変換法を利用している。

対数輝度画像をウェーブレット分解すると、ある特定の細かい変化の輝度コントラストだけが、輝度変化画像としてオリジナルの画像から抜き取られる。これは前出のコントラスト・プロファイルの計算を、小さいサイズで行うことと同じ意味をもつ。このウェーブレット分解を画像サイズが1ピクセルになるまで進めると、オリジナルの対数輝度画像から全ての粗さの輝度変化画像が抜き取られ、抜き取った変化画像を全て足し合わせると、画像内の輝度コントラストが完全に保存された画像ができる。この画像をもとに、sRGBという規格[*2]に準拠したモニター上に表示した際に、現実に近い見え方が再現されるよう、変換の際に指定した周辺環境を考慮して調整したものが、リアル・アピアランス画像である。

一方、同じ方法を使えば、輝度画像から画像の全てのピクセルの明るさ知覚を推定した明るさ画像を作成することができる（図5）。明るさ画像では、順応の効果と対比の効果が、変換の際に用いる係数として表現されている。また、この変換方法を用いて、係数を掛けることなく、輝度変化の状態だけを抽出したものを統合コントラスト画像といい、明度分布を抽出したような画像が得られる。

注
[*1] 周波数解析の手法の一つ。ここでは輝度の空間的な変化を抽出する方法として利用している。どの位置にどのような粗さの変化があるかを分析できる。離散的なウェーブレット変換では、オリジナルなデータから、特定の粗さの変化を抽出した画像と、残りの画像（近似画像）に分解するというプロセスを繰り返し、このようなプロセスをウェーブレット分解という。
[*2] モニターの出力の規格（JIS X9204）で、モニター上のRGBそれぞれの発光体が放射する光の色度、混合してつくり出される白の色度（通常は6,500K）および画像階調値と出力の関係が定められている。

2

> 光や色の効果を増幅させるためには、光と色を2つの側面から理解する能力が必要だ。一つは光の物理的な挙動を理解する能力。もう一つはその環境にいるわれわれの目がどのような状態になっているかを想像する力だ。普通の技術者は前者だけを、普通の意匠設計者は後者だけを語りがちだが、光の建築をつくり出す本物の建築家は、光や色の効果は両者の関係でつくり出されることを知っている。

光や色の効果を増幅させる

光り輝くヴォールト天井

キンベル美術館(1972)

設計：ルイス・カーン

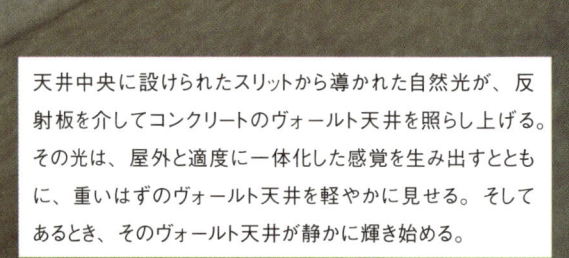

天井中央に設けられたスリットから導かれた自然光が、反射板を介してコンクリートのヴォールト天井を照らし上げる。その光は、屋外と適度に一体化した感覚を生み出すとともに、重いはずのヴォールト天井を軽やかに見せる。そしてあるとき、そのヴォールト天井が静かに輝き始める。

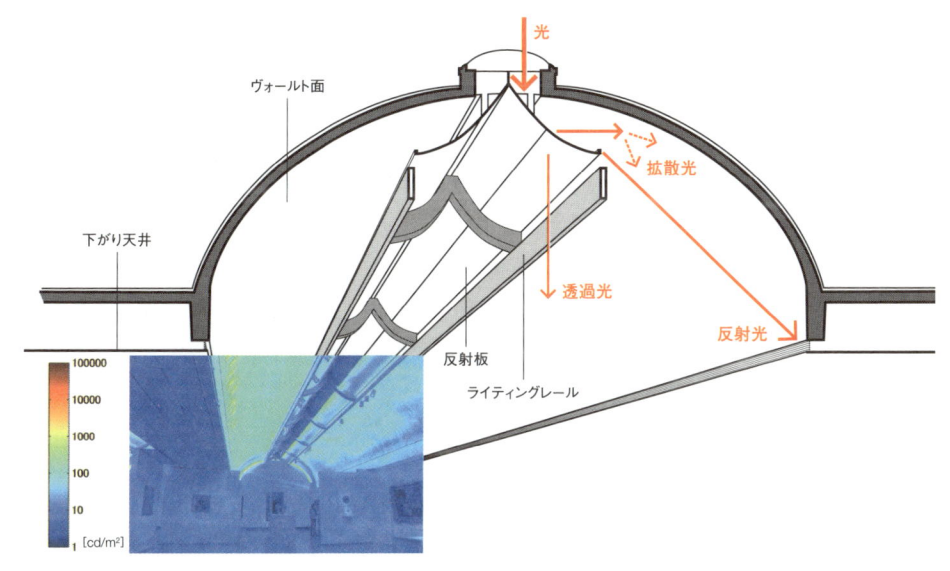

ヴォールト天井と周辺の輝度　光の知覚現象を物理的に理解するには輝度画像が必要となる。ヴォールト面の輝度は100から数百 cd/m^2 だが、下がり天井の輝度は5cd/m^2、周辺の壁は15cd/m^{2}程度となっている

輝きをもたらす輝度の対比

　自然光を受けるヴォールト面の輝度は、一般の照明の光源よりかなり低いが、ヴォールト面を取り囲む下がり天井や周辺壁の輝度はさらに低く、両者の間には輝度の大きな対比がある。この輝度の対比が、輝度が低くとも輝いて見えるという知覚現象を生み出す。

シャープに切り取られた光沢と テクスチャをもつヴォールト面

　天井のヴォールト面は周辺とは異なる光沢とテクスチャをもち、それがシャープなエッジで周辺から切り取られることで、背景から独立したモノに見える。輝く領域がテクスチャをもっていることが不思議な印象を生み出す。

自律するヴォールト面　強いエッジで縁取られた、周辺とは光沢・テクスチャが異なるヴォールト面は、周辺から独立したモノに見え、さらに屋外光の変化を反映して揺らぐため、自律した不思議に光り輝く光源に見える

光のセオリー

ただの大量の光は薄暗い

1. 順応によって明るさ知覚は変化する

われわれの目は、月明かりだけの夜であっても、太陽からの直射日光が降り注ぐ真夏の海岸であっても、問題なく機能するが、この2つの環境の照度を比較すると10^5もの開きがある。われわれの目がこのような広いレンジの光量に対応できるのは、順応と呼ばれる機能があるからだ。目が高い輝度に順応していれば、高い輝度の領域であっても明るく知覚されない。

2. 対比によって明るさ知覚は変化する

同じ輝度をもつ領域でも、周辺が暗いと明るく、周辺が明るいと暗く見える。これを明るさの同時対比という。ある輝度をもつ領域の明るさ知覚を推定するには、周辺の輝度との対比を考慮することが必要で、これを有効に使うと、低い輝度で明るく知覚させることができる。

3. 明瞭に区切られた領域内は均一の明るさに見える

図と地の分離はさまざまな要因で生ずるが、その一つの要因が領域を囲むエッジの強さである。同じ領域だと認識されると、その内部に多少の明るさの変化があっても均一の明るさであると認識される。

順応の効果 曇天の屋外は暗い日でも数千ルクス(lx)の照度があるが(上)、500 lxの室内(下)より暗く感じる。これは、われわれの目が、屋外では大量の光に順応してしまうからだ

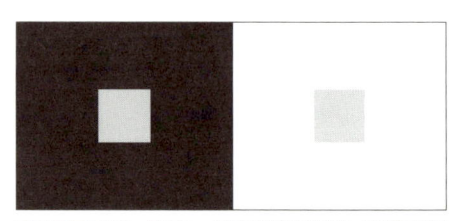

明るさの同時対比 同じグレー色票でも周辺の色によって知覚する明るさは異なる。周辺が暗い場合(左)は周辺が白い場合(右)よりも明るく感じる

エッジと領域の効果 図はコーンスイートの錯視と呼ばれる現象で、左右の面の輝度は同じだが、中央のエッジの付近の輝度だけが、右側は少し高く左側は少し低くなっており、そのために左右の面が異なった明るさに見える

光の設計手法

輝きをつくるために暗さをつくる

1. 光源が見えないように光を取り入れる

　人が高い輝度に順応しないように、高輝度部分が人の視野の中に入らないようにする。人の視線は主に水平方向に向いているので、視野に入らない天窓からの光が、最も有効な光の取り入れ方である。

ヴォールト中央のスリットから室内に入射した光を、中央の反射板でヴォールト面だけに反射させる

光源を直接見せない

2. 視野内の他の領域の輝度を下げる

　輝きは、輝度の絶対値で決まるのではなく、人が順応している輝度との関係で決まる。低い輝度でも輝きを感じさせるためには、他の領域の輝度を下げ、低い輝度に目が順応するよう工夫する。

ヴォールト面以外の部分には必要最低限の照明だけにし、室全体の輝度を下げる

輝かせる部分以外の輝度を全体的に下げる

3. 明るい領域の脇に暗い部分をつくる

　明るさの同時対比の効果を利用するため、輝きをつくりたい領域の周辺の輝度を十分下げ、輝度の対比を大きくする。

床面の反射率を低めに設定し、下がり天井部分の輝度を下げる

輝かせる部分のそばの輝度はさらに下げる

4. 輝く領域を明瞭にして　適度なテクスチャをもたせる

　輝く領域が均一に輝いている印象をつくり出すため、輝く領域の周りを強いエッジで縁取り、背景と分離した図として認識させる。そして輝く領域に適度なテクスチャを加え、輝きの効果だけでなく荘厳な印象を演出する。

面と面がぶつかる部分をできるだけシャープにする

輝かせる部分の周辺のエッジを立てる

37

襲いかかってくる色

ヒラルディ邸（1978）

設計：ルイス・バラガン

廊下に足を踏み入れると、廊下全体に燃え上がった黄色が襲いかかってくる。廊下の奥には、黄色と争うような青い水盤のある部屋が見え、さらにその水盤には赤い壁が屹立している。全ての色が絵画を見ているような鮮やかさで迫ってくる。

色の感覚は「物体の色×光の色」の作用

　天井、壁が全て黄色に塗られたように見える廊下だが、天井や窓に対面した壁は実は白色である。屋外の自然光は、廊下右手にあるスリット窓を通して入射するが、スリット窓には黄色に着色されたガラスがはめ込まれていて、入射する自然光は黄色みを帯びる。強い直射日光がスリット窓を通して入射する時間帯には、窓から入射した黄色い光が支配的になり、天井や壁は黄色に見える。一方、スリット窓から入射する光が天空光や屋外反射光だけのときは、黄色い光は支配的にならず、天井や壁は、その物体の色が正しく反映された白色に見える。

鮮やかな色感覚を生み出す反対色

　色の感覚は目の順応状態や空間的な対比の影響を受ける。黄色い光によって空間全体が色づいている場合、その場に長くいると、目がその黄色い光に順応してしまい、黄色の感覚は薄れる。これは、浜辺で色つきのサングラスをかけたとき、当初は視野が色づいて見えるが、かけ続けるとその感覚がなくなるのと同じだ。ヒラルディ邸では、廊下の奥に見える部屋に、黄色の反対色である青の壁があることで、目は黄色い光に順応せず、黄色が鮮やかに見える。

自然光の強さによる見え方の変化　スリット窓から強力な直射日光が入らないときは、天井や窓に対面した壁の色が白い

色のついたスリット窓　スリット窓のガラスは黄色に着色されており、窓から入射する光は一様に黄色に色づく

廊下奥の青い部屋の効果　奥の部屋の青い壁が見えていなければ、手前の廊下の黄色い色のインパクトは小さくなる。実際の空間にいると目が黄色い光に順応するため、色の効果はさらに弱くなる

光のセオリー

夕焼けは眺めるもの

1. 色光に包み込まれると
　その色感覚は薄れる

　光にある色がついていても、その光に目が順応してしまうと、光の色があまり感じられなくなる。たとえば、アンバー（琥珀色）のサングラスをかけると、かけた当初は視野全体がアンバーに色づいて見えるが、ずっとそのままでいると、目がアンバーに順応してしまい、色づいた感覚は知らぬ間に失われる。

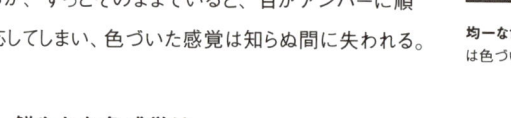

均一な色光による順応　アンバーのサングラスをかけると、かけた当初は色づいて見えるが、ずっとそのままでいると色づいた感覚は失われる

2. 鮮やかな色感覚は
　周辺との対比によって生ずる

　同じ色であっても、周辺の色が異なると異なった色に見える。夕焼けは、空の青さと併置することでより色鮮やかに見える。一方、夕焼けの光に包まれると、光に包まれた印象は得られるものの、順応の影響で色の鮮やかさの程度は小さくなる。

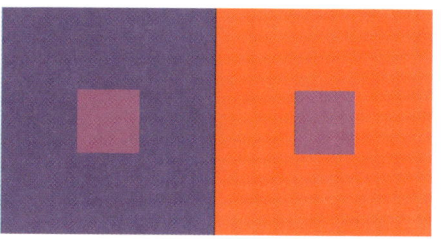

色の対比現象　同じ色であっても、周辺の色が異なると異なった色に見える。上図の中心は同じピンク色だが、左より右の方が青みがかって見える

3. 色の鮮やかさは
　順応している輝度の影響を受ける

　物体表面の反射率は100％を超えることができないため、明るく、鮮やかな色をつくることは難しいが、目が低い輝度に順応するような工夫をすれば、明るく、鮮やかな色をつくり出すことができる。空に映る夕焼けを眺めるとき、われわれの目は周辺の山々の低い輝度に順応しているため、夕焼けは明るく、鮮やかな色に見える。

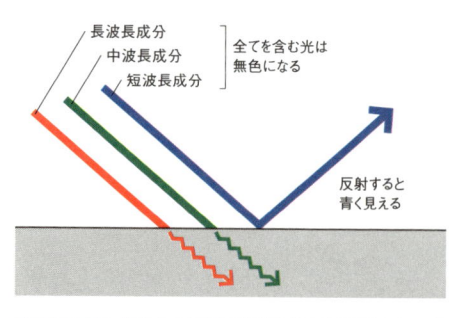

物体色の性質　物体色の色は表面がどのような光を反射するかで定義される。無色に見える光はさまざまな波長の光を含んでいて、理想的な白はそれらを全て反射するからその反射率は100％となる。一方、青い色の物体は青い光だけを反射するので、トータルとしての反射率はとても低くなる

> 光の設計手法

インパクトのある色をつくる

1. 色の見せ方を決める

　色をアクセントとして見せるのか、あるいは色に包まれた印象をつくり出すのかによって、色の設計方法は変わってくる。アクセントとして色を見せる場合、その色の周囲の色との関係を十分に検討する。色に包まれた印象をつくり出すには、色光を利用することになるが、包まれた印象を強くするために、室内を反射率の高い白色で構成する。

2. 色の対比を利用したり、色順応を回避する

　アクセントとして見せる色の背景は、反対色とすることが基本だが、明るさの対比も十分考慮する。色光によって空間全体が包み込まれる場合、その色に人の目が順応してしまわないような工夫が必要だが、ヒラルディ邸の黄色い廊下から青いプールの部屋が見えたように、光環境が異なる別空間の反対色が見えるとその効果は高い。

3. 光源の位置、陰のつくり方などで、人の順応状態を操作する

　見せたい色より低い輝度に目が順応するような工夫をすると、明るくて鮮やかな色感覚をつくり出すことができる。アクセント色のような場合は空間全体の輝度を落とせばよく、光の色を使う場合でも視野の一部に輝度の低い領域をつくればよい。

ブーゲンビリアの色　背景の植栽の緑色との対比で赤い色が強調されて見える

鮮やかな色をつくり出す　暗い室内に設置された天窓の内側に鮮やかな色が塗られていると、目が順応している輝度が低いため、明るく鮮やかな色がつくり出せる（ル・コルビュジエ「ラ・トゥーレット修道院」）

41

色の表現法

中村芳樹／北村薫子

COLUMN

光の色の表現法

われわれの周囲に存在している電磁放射のうち、人間の目が知覚できる、波長が約380〜780nm（ナノメートル、10^{-9}）の範囲の電磁放射を、光（可視光）という。太陽からの光は、さまざまな波長をもつ電磁波を満遍なく含んでいるが、われわれには無色に見える。ところがその光をプリズムを用いて波長ごとに分光すると、虹のような7色が見える。これはニュートンが著書『光学』で初めて明らかにしたもので、ある波長の電磁放射はある特定の色感覚を生じさせる。ニュートンはさらに、一度分光した光を再度合成するとやはり無色の光に戻ることを示し、また再合成する際に幾つかの波長帯の電磁波を取り去ると、さまざまな予想外の色感覚を生じさせることも示した。たとえば、波長が600nm付近の電磁波は黄色い色感覚を生じさせるが、その同じ色感覚が、緑と赤の波長帯の光だけを合成することでも生ずる。すなわち、物理的に全く異なる波長帯の電磁放射であっても同じ色感覚を生ずることがあり、このような現象を条件等色という。この事実からさまざまな研究が行われ、現在では、網膜上に赤、緑、青の光に選択的に反応する3種類の錐体が存在することで、われわれの色覚が生ずることが明らかになっている。そのため、うまく3つの光を選べば（光の3原色）、われわれが知覚する全ての光の色をそれらの混合比で表現することができる。光の3原色の混合で色を表現する表色系を混色系といい、CIE（国際照明委員会：Commission Internationale de l'Eclairage）が定めたXYZ表色系が混色系の代表的なものである。

XYZ表色系は、X、Y、Zという3つの原刺激の混合量（刺激値）で色を表すが、これは、波長が700.0nm（赤）、546.1nm（緑）、435.8nm（青）の単波長の光を3原色として使った等色実験の結果をもとに、扱う量が全て正となり、かつ原刺激の一つYが光束と一致するように線形変換して求められたもので、光の分光分布が得られれば、3つのスペクトル刺激値で評価することによって、刺激値X、Y、Zが求められる（図1）。

実際に光の色を測定する場合、通常輝度色

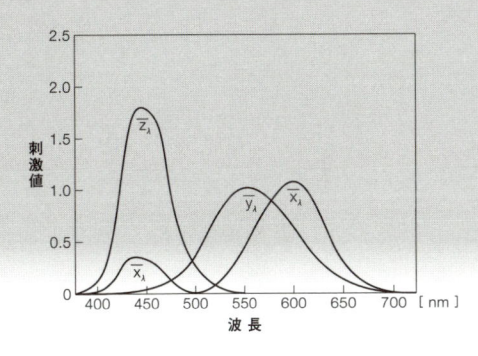

図1 スペクトル3刺激値 CIEが定めた代表的な混色系の表色系。図に示されたスペクトル3刺激値を使って、分光分布を評価すれば、刺激値X、Y、Zが求められる（出典：日本建築学会編『建築設計資料集成 環境』2007年、丸善出版）

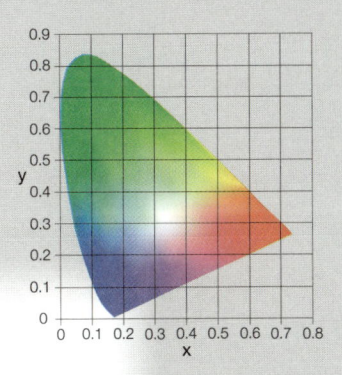

図2 xy色度図 XYZ表色系では、通常色みをxy色度で表すが、この色度を2次元の直交座標に表現したものを色度図という

度計（色彩輝度計）が用いられる。このとき、Yは輝度、すなわち、単位立体角当たり単位面積当たりの光束であるから、X、Zは単位立体角当たり単位面積当たりの刺激値となる。このように輝度に準じて測定された色を、ここでは測光色と呼ぶ。すなわちここでいう測光色には輝度が含まれている。

XYZ表色系では、色を3つの刺激値X、Y、Zの混合として数量的に表現するが、通常その色みをx、y（x=X/(X+Y+Z)、y=Y/(X+Y+Z)）という数値に変換して表現し、このx、yを色度、色度を2次元の直交座標に表現したものを色度図という（図2）。

物体の色の表現法

色の恒常性（照らす光が異なっても同じ色票は同じ色に見えるという現象）を仮定すれば、知覚される色は、ある反射特性をもつ色票（色を表現するために利用される色紙）として表現することができるから、さまざまな反射特性をもつ色票を並べて、それらを知覚する色によって分類すれば、知覚する色を表現する表色系ができる。このような色票の色の見え方に基づく表色系を顕色系といい、（修正）マンセル表色系、オストワルト表色系、NCS表色系（Natural Color System）などが代表的なものである。JISでも採用されているマンセル表色系は、建築色彩の表示によく用いられるもので、1905年にアメリカの画家マンセルが発表したものを、1943年にアメリカ光学会が修正したものである。

マンセル表色系では、色相（Hue：赤、黄、緑、青といった物体色の色み）、明度（Value：明るい、暗いといった物体色の明るさ）、彩度（Chroma：物体色の鮮やかさ）という3つの属性を用いて色を表示する。この表色系で各色を位置づけた3次元の立体をマンセル色立体といい、色相を円周方向に、明度を中心軸上下方向に、彩度を中心軸からの放射方向に位置づけて表示する。色相は赤（R）、黄赤（YR）、黄（Y）、黄緑（GY）、緑（G）、青緑（BG）、青（B）、青紫（PB）、紫（P）、赤紫（RP）の10色相を基本とし、さらに

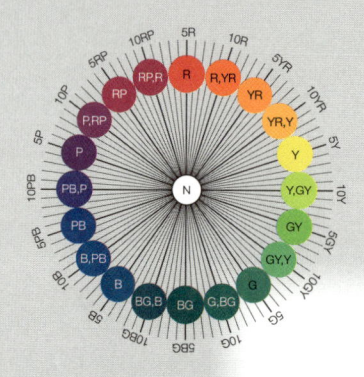

図3 **マンセル色相環** マンセル表色系では、色相は円環上に並べて表示する。基本の10色相について、代表的な色相が5という数字を付して表示される（出典：積究・古賀誉章『基礎からわかる建築環境工学』2014年、彰国社、図4も同）

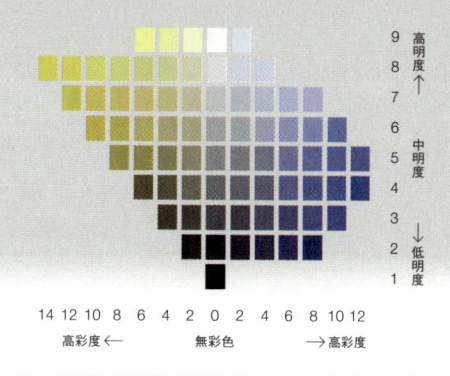

図4 **等色相面の明度と彩度の関係** マンセル色立体を垂直方向（明度の方向）に切断し、5Yおよび5PBの色相に対応する部分を表示したもの。各色の知覚的な間隔が一定であるとされている

それぞれを10分割した100色相で全色相を表すが、一般には40色相が用いられる。明度は理想的な白を10、理想的な黒を0とし、その間を等間隔に分割した数値で表す。彩度は中心軸から遠ざかるほど鮮やかになるように位置づけられ、あくまでも心理的に等間隔になるように構成されている。中心軸には、無彩色と呼ばれる白、灰、黒の系列が位置づけられている（図3・4）。

マンセル表色系では、（色相・明度／彩度）という形で色を表示する。たとえば赤い色相（5R）の明度4、彩度6の色は、5R4/6と表示する。また無彩色はN5のように無彩色を表すNという記号と明度の値によって表示される。

マンセル表色系はJISでも採用されている表色系だが、色彩デザインの現場では、色の等間隔性よりも、にぶい、軽いといった色の調子（トーン）が重要であることから、PCCS表色系（PCCS：Practical Color Co-ordinate System）やNCS表色系などが用いられることが多い。

測光色画像（輝度・色度画像）

われわれがコンピュータを使って作業するときに見るモニターには、赤、緑、青の光を発する小さな3つの発光体が画面上に密に並べられており、それらが発する光が混合することによってさまざまな色が見えている。現在のモニターは、主にsRGBと呼ばれる規格に準拠しており（JIS X 9204）、それぞれの発光体が放射する光の色度、同量を混合してつくり出される白の色度（通常は6,500K、48頁「自然光の色」参照）が定められているため、ディスプレイの白色の輝度出力がわかれば、sRGB刺激値はXYZ刺激値に線形変換できる。すなわち、sRGB規格に準拠したモニター上に表示された画像は、測光色画像として表現できる。

ただし、sRGBで再現できる色の範囲は、採用されている3原色によって表現できる範囲であり、われわれが知覚できる色を全て表現できるわけではない。人が知覚できる全ての色を表現できる正確なカラー画像は、輝度・色度画像、あるいは

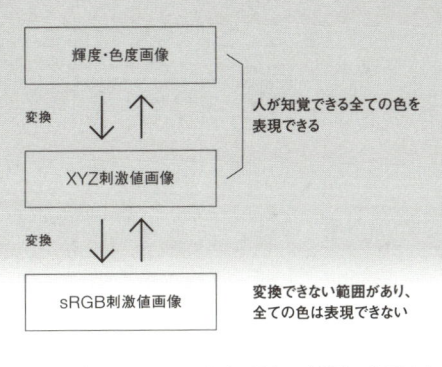

図5 さまざまな**測光色画像** 輝度に対応した刺激値で表現された画像をここでは測光色画像と呼んでいる。なお、sRGB刺激値は階調値と呼ばれる8bitにコード化された値ではない

図6 **リアル・アピアランス・カラー画像** 実空間の測光色画像の各刺激値の比が一定となるように、ウェーブレット変換を利用して変換された画像。この画像を出力条件と同じ環境で見れば、見え方がある程度保証される

XYZ刺激値画像（Yは輝度画像、X、Zは輝度に対応した刺激値画像）といった測光色画像となる（図5）。

モニター上に表示されるカラー写真は、カメラを用いて撮影されたものを出力したものだが、カメラとは、簡易的に光をR、G、Bの3原色に分解し、画像測定する装置である。すなわち、カメラ・システムでは、現実空間の測光色画像を、ホワイトバランスや露出を調整して簡易的に測定し、写真として出力した場合に同じような見え方が再現できるように調整されている。すなわち、カメラ・システムでは、現実空間で簡易的に測定した測光色画像を、モニター上の測光色画像として表示しているのだが、両者の関係を定量的に結びつけるアルゴリズムがなく、見え方が保証されているかどうかを判断する材料がないのが現状である。

測光色を体験する画像

現実空間で測定された測光色画像と、モニター上に表示される測光色画像を、明示的なアルゴリズムで結びつけたものが、リアル・アピアランス・カラー画像である。リアル・アピアランス・カラー画像では、測定された実空間の測光色画像をsRGB刺激値の画像に変換し、対数をとったうえでウェーブレット分解を1ピクセルまで進め、出力された変化画像だけを再合成することで、sRGB刺激値の比が完全に保存され、モニターを見る環境に合わせて近似画像と呼ばれる平均的な輝度と色みを表す画像を調整して、現実の見え方を再体験できるようにしている（図6、ここでは出力条件として、周辺輝度：1cd/m^2、背景の光色：白色〈4,500K〉、画面最高輝度200cd/m^{2}としている。なお、再現できていない領域が0.21%ある）。

見せかけの青い色

カミノ・レアル・ホテル（1968）

設計：リカルド・レゴレッタ

エレベータの扉は壁面の黄色の反対色である鮮やかな青色に見える。エレベータに面したスリットの向こうにblue barと呼ばれる青い壁面に囲まれたアトリウムがある（右）

色の対比を利用したメリハリのある空間

　空間のあちこちに配置された高級感のある家具から落ち着いた印象を受ける一方で、高彩度の色鮮やかな壁面が空間のアクセントとして各所に織り込まれた特徴をもつ建築である。青色の演出で知られるblue barの脇にあるエレベータホールには、対照的に黄色い壁が配置されているが、エレベータの扉は見事な青色に浮かび上がって見え、色相の対比が印象深い空間をつくり出している。

見せかけの青い色

　エレベータの扉はまるで青い塗装が施されているかのように見えるが、実際にはステンレス製のいわゆる灰色で、青く見えるのは、blue barとの隔壁に設けられたスリットから入る青色成分を多く含む昼光を反射しているからだ。さらに、扉の周りを青の反対色である黄色の壁で囲むことで、互いの色の違いが強調され、われわれには青はより青く、壁面の黄色はより黄色く、彩度が高まったように知覚される。

色対比の効果

　色対比の効果は、マンセル表色系（43頁参照）の色相の違いが大きいほど大きくなり、また配置する2色の明るさが近いほど、彩度が高まる効果は大きくなる。色の選択と合わせて、配置する面の明るさを均一に構成することで、色の表情をより鮮やかに、効果的に演出することができる。

色づく壁

リベラル・アーツ&サイエンス・カレッジ(2004)

設計：CAt

夕焼けの後、黄色に色づいた開口が光り出す。四角い開口同士の間隔、見えない明るい光源、開口部の端部のエッジの鋭さといった操作も輝きの増幅に寄与している

日中ほんのり色づく壁

　この外壁は、外側が幾何学パターンの開口とスリットをもつ金属板、内側がRC壁の2層で構成されている。どちらも白で塗られているが、金属板の内側だけは黄色の塗装が施されている。日中、内側の白壁には、中東の強い直射日光と、黄色の壁からの反射光の両方が照射され、表面がほんのり黄色に色づいたように見える。

夕焼けの後に黄色く輝く壁

　夕焼けが終わり空全体が青い光に包まれると、黄色に色づいた壁は急激に強く光り輝き、飛び出してくるかのように見える。これは、空と外側の白壁の輝度が下がったことで輝度対比が生まれより明るく見え、また周囲の青との色対比により、より一層黄色が鮮やかに見えるからだ。

日中の外観　内側の白壁はほんのり黄色に見える程度である

夕焼け時のリアル・アピアランスカラー画像　夕焼けが残る時間では、色対比の効果がないため、鮮やかな黄色は現れない。また、背景（周囲）の色との対比により、「色づく壁」の色が変化して見える

自然光の色

中村芳樹／宮田智美

COLUMN

ブルーモーメント

　緯度の高い北欧の街では、太陽はゆっくり沈む。太陽が水平線に隠れると、光の量がゆっくりと減り始め、それとともに、空が徐々に深みを帯びた青さを増してくる。そんなとき、街並みに黄色い光が点灯され始める。北欧の街の街灯は、主に低圧ナトリウムランプで、その黄色い光は色が見分けにくく光の質はあまり高いとはいえない。普段お世辞にも美しいとはいえないこの光が、このひと時、空のブルーの光と相まって、とても美しい夜の景観を現出する。このひと時をブルーモーメントという。ブルーモーメントは日本でももちろん体験できるが、北欧に比べて太陽が早く沈んでしまうことと、日本の街並みには、空の青さを引き立たせる反対色の黄色の光が少なく、逆にギラギラとした白い光が多いこともあり、美しい景観を呈するこのひと時を楽しむ機会はそれほど多くない。

自然光の色が変化する理由

　ブルーモーメントの際、空にあふれている深く青い光は、もちろん太陽からもたらされた自然の光である。一方、日中屋外にあふれている光も全て太陽からの光で、これらは昼光と呼ばれる。これら同じ太陽からの光が、異なった色の光となる理由は太陽光が地表に降り注ぐ経路にある。

　われわれが住む地球は大気に包まれているから、太陽からの光は、地表に降り注ぐ前に地球を取り囲む大気を透過しなければならない。ところが、大気の中には水滴やチリなどが含まれることから、太陽からの光は大気を透過する途中で散乱することになる。

　太陽からの光には、もともとさまざまな波長の電磁放射が含まれているが、波長の短い電磁放射の方が散乱しやすいことが知られている。すなわち、太陽からの光は、大気中を透過するにつれて、波長の短い青い色感覚をもたらす電磁放射から次第に失っていくことになり、無色であった太陽からの光は、大気を透過するに従い、次第に青色

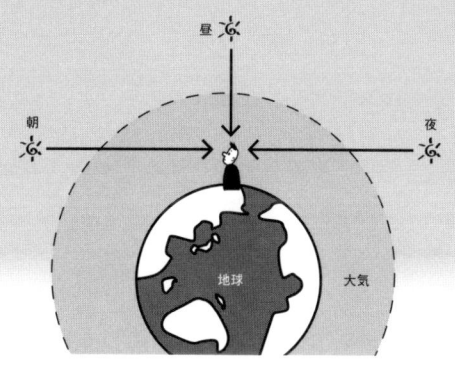

図1 **太陽からの光が地表に到達するまでの経路** 太陽高度が高いときは透過する大気の距離は短いが、太陽高度の低い朝や夕方では長い距離の大気を透過するため、夕焼け、朝焼けがしばしば生ずる

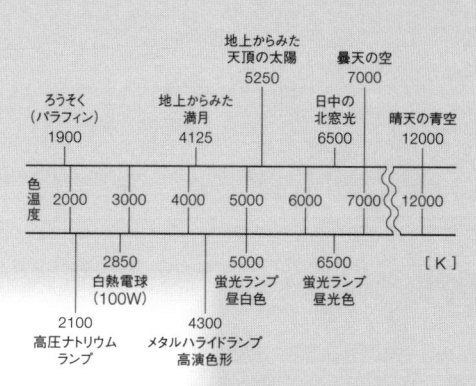

図2 **さまざまな光源の色温度** 照明に用いる光源の色は通常色温度で表される。オレンジ色の光は色温度が低く、青い光は色温度が高い

を失い、赤みを増す方向に変化していく。

　この散乱の程度は、大気に含まれる水滴やチリといった不純物が多いと多く、透過する大気の距離が長いほど多くなる。太陽高度が低い朝と夕方は、直接地表に届く太陽光は長い距離の大気層を透過しなければならないため（大気路程が長くなるという）、大気中に不純物が多いと青色光の散乱が激しく、太陽からの光は極端に赤くなり、夕焼けや朝焼けが生ずる（図1）。

　一方、大気中で散乱した光は、散乱を繰り返しながら地表に達する。昼間の晴天の青い空は、そのような散乱した波長の短い光よりなる。そしてブルーモーメントの光も、もちろんこの散乱光である。

色温度

　このような、太陽光など、自然の光の色の違いは、通常、色温度という指標で示される。色温度とは、黒体（完全放射体）を熱したとき、温度によって光色が変化するという現象に基づき、黒体の絶対温度によって光色を表現するもので、単位は絶対温度K（ケルビン）である。黒体の分光分布は、温度により、2,000K程度では波長の長い域の放射（赤い光）が多く、色温度が高くなるに従って波長の短い域の放射（青い光）が増加する。身近な光と色温度の関係は図2に示すようなものになる。

　われわれが知覚する全ての光の色は、XYZ表色系の色度図（42頁、「色の表現法」参照）で示され、黒体が温度によって光色を変化させる様子もこの色度図上に表示されるが、人工光源の光色はこの位置と完全には一致しないため、色度図上で最も近い黒体の色温度で表現することになっており、これを相関色温度という。最近利用される機会が多いLED光源は、さまざまな色温度に調整することが可能で、通常は、電球色（2,850K程度）、白色（5,000K程度）、昼光色（6,500K程度）といった相関色温度のものが提供されているが、同じ相関色温度といっても色度が完全に一致しているわけではないので、目で見て色の違いを感じることも多い。

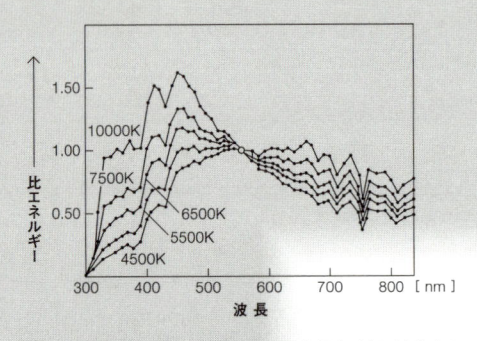

図3 昼光の分光分布　昼光も状況により色温度が大きく変化するが、さまざまな波長帯を満遍なく含むという特性に大きな変化はない

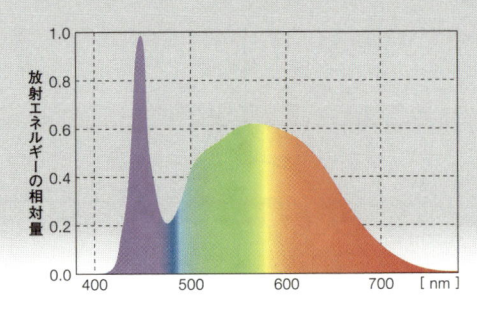

図4　LED光源の標準的な分光分布　無色に見えるLED光源であっても、分光分布は昼光とは大きく異なり、そのため演色性も異なる

光の色と分光分布

　光源から発せられた光を直接見て感じる色感覚は、正確には色度図で、大まかには相関色温度で表示できる。しかしながら、空間内の光は分光分布という物理量に基づいて挙動しているため、たとえ色度図上で完全に一致している光源でも、空間における物体色の見え方はしばしば異なる。

　最も身近な光源である太陽は、6,000Kの黒体とほぼ同じ電磁放射を放出しているが、地表に到達する電磁放射の分光分布は、これまで述べた通り、太陽高度や大気の状態によって異なる。地表に到達する太陽光の分光分布と色温度の関係は、国際照明委員会（CIE）が定めた方法で推定することができ（図3）、CIE合成昼光と呼ばれる。色温度が異なると、含まれる電磁放射の波長帯ごとの割合は異なるが、昼光は基本的にはさまざまな波長帯の電磁放射を満遍なく含んでいる。これに対し、最近よく利用されるLED光源の一般的な分光分布は、430nm付近と580nm付近にピークをもち、その分光分布は自然の光とは大きく異なっている（図4）。

　ある分光反射率をもった物体表面から目に入射してくる光は、光源から発せられた電磁放射が物体表面で反射したものであるから、光源の分光分布に偏りがあると物体の色は正しく見えない。光がもつ「物体の色をどう見せるか」という性質を演色性といい、JIS（Z 8726-1990）で定められた平均演色評価数Raでその特性が示される。平均演色評価数は、8種類の試験色が基準光で照らした場合に比べてどの程度忠実に再現できるかを判定するもので、基準光（色温度の低い場合は黒体放射、色温度の高い場合は昼光）を100とした数値で示される。一方、食肉や赤い花、日本人の肌色のような、特殊な色の忠実度を表す特殊演色評価数という指標もしばしば使われ、R9（彩度の高い赤色）、R15（日本人の肌色）などがある。

輝く白

ファンズワース邸（1950）

設計：ミース・ファン・デル・ローエ

入口手前からの外観写真。緑に囲まれて白い建物が輝いている

空のような天井

　ファンズワース邸は鉄骨とガラスによって内外の連続性を実現したことで有名であるが、それは光環境の質にも現れている。下の輝度画像からわかるように、入口手前（外部）から見ると天井と空の輝度の値がほぼ等しい。この明るい天井は、直射日光の強い光が手前の白いテラスで反射されることによって得られている。$1,000cd/m^2$を超える天井輝度は通常は屋外レベルの値である。

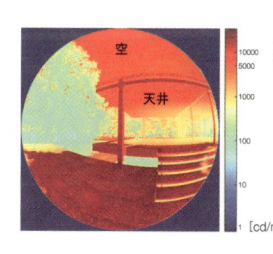

輝く白

　先の輝度画像をよく見ると、入口手前から見て、白い柱の輝度は空よりも高いことが読み取れる。そのため表面色の枠をはみ出した目にまぶしいほど強烈な白に感じられ、鉄としての重い物質感が失われているかのような印象を受ける。

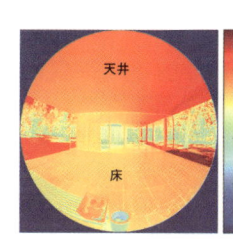

入口手前からの輝度画像
天井と空の輝度がほぼ等しい

内部の輝度画像
天井の輝度が$1,000cd/m^2$を超えていて非常に明るい空間をつくり出している

力強い建築

パルテノン神殿（紀元前5世紀）

現在のパルテノン神殿全景

単純な構成が生み出す力強さと視覚効果

　神殿には強い日差しが降り注ぎ、外皮を明るく照らす。アテネ・アクロポリスの高台に立ちパルテノン神殿を見上げると、柱が明るく、力強く屹立して見える。

　現在の遺構では屋根がなく奥まで日差しが届くが、建造当時は屋根に遮られて内部に光が届かないため、屋外の明るさに順応した目では柱間から内部をはっきりと視認することはできず、暗闇のように見えていた。日差しを受けた柱と、この闇が規則的に隣り合うことで、輝度対比の効果が生まれ、柱はより明るくはっきりと、闇は濃く深く、強調して見えていたはずだ。

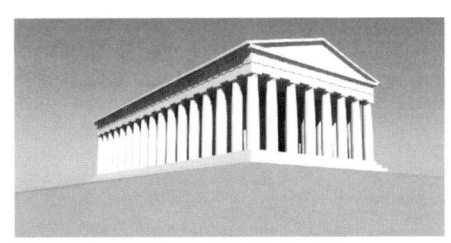

建造当時の状況を再現したリアル・アピアランス画像　パルテノン神殿の柱には、ドリス式フルーティングという円弧状の溝があり、指向性の強い直射光が当たる時間には、片側は明るく片側は暗いエッジが生まれる（上：6月13時）。このエッジにより、柱がより物質的な表情をもち、建築物としての存在感が高められている。一方、光が柱の正面から当たる時間では、エッジは消失し抽象的な姿が出現する（下：6月16時）

情景を表す架構

海の博物館（1992）

設計：内藤廣建築設計事務所

規則的な屋根架構、シンプルな空間構成でありながら、さまざまな光と闇により不均質で豊かな様相が生まれている

陽光を視覚化し、空間を重層化する

　トップライトの直下に並ぶ大断面集成材の架構が大きな受照面となり、光を映し出す。ここでは自然採光という機能を超え、太陽光を視覚化することに成功している。また、屋根架構の底面は相対的に輝度が高いため、アーチ状に浮き立って見える。照明器具の反射板に反射した光や地窓から取り込まれ床で反射した光を受けるからだ。下から上へ突き上げる光を巧みにつくり出すことで、切妻形の空間にヴォールトの空間が挿入されたような、重層的な空間を創出している。

闇をより深く見せる

　屋根裏と壁の入隅部分は、日本的な陰翳（いんえい）や、独特の深い闇を感じさせる。露出した構造体が屋根裏に陰を生み、それが明るく見える構造体がコントラストを強め、闇がより濃く深くなるためである。

　光と闇の不均質で豊かな様相を映し出すこの空間は、構造表現を超えた情景表現を生み出していると言えるだろう。

大断面集成材の架構を照らす光　トップライトの光、地窓の光、照明の光というさまざまな光が構造体と壁面を照らす。照明に取り付けられた輪は、目の細かい格子でできていて、そこを透過した光が空間を照らし、反射した光は屋根架構を照らす

53

陰翳に浮かぶ障子

旧米谷家住宅（18世紀半ば）

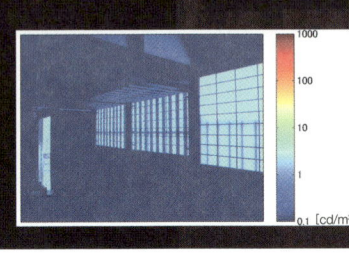

輝度画像（右）より白い障子の輝度は低いことがわかるが、（統合）輝度コントラスト画像（下）に示されているように、障子は壁・枠に対して正のコントラストをもっていることがわかる

陰翳にあっても明るい障子

　奈良県橿原市にある旧米谷家住宅は、伝統的な町家の形態を残す家屋として国の重要文化財に指定されている。狭い通りに面した南のファサードから入射してくる光は、日中は十分な光量をもたらすものの、夕方になると連子格子と軒に阻まれた微かな光が障子を通して屋内を照らし出す。照明のない薄暗い屋内に目が順応してくると、光が不足している目の感覚が確かにあっても、陰翳の中にしらじらと明るい障子が浮かび上がってくる。

陰翳の濃淡にある日本の美

　文明開化以後、部屋のすみずみまで明るく照らす照明が和室にも導入されたが、谷崎潤一郎は『陰翳礼讃』（1933年）でこれに異議を申し立てた。「暗い部屋に住むことを余儀なくされたわれわれの先祖は、いつしか陰翳のうちに美を発見し、やがては美の目的に添うように陰翳を利用するに至った。」

　白い障子は、輝度は低いものの壁・枠に対して正のコントラストをもち、これが陰翳の中にしらじらと浮かび上がる効果を生む。おぼろげな光と浮かび上がる障子は、日本人がいにしえより尊重してきた「陰翳の美」に他ならない。

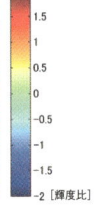

障子の（統合）輝度コントラスト画像

祈りを誘う光

浄土寺浄土堂（1187）

床で反射した太陽からの直射日光が天井を照らす間は、仏像背後の輝度が高いため仏像は対比の影響で暗く見える。ところが、さらに太陽高度が下がって床の反射光が東側の内壁に当たるようになると、仏像は明るく輝いて見える（撮影：5月17時30分）

ほの暗さに浮かび上がる仏像

　晴れの日の夕刻、三間三面宝形造本瓦葺の本堂に入り、阿弥陀三尊像をじっと見上げてみる。日の光が弱まるとともに堂内全体は次第に暗くなっていくが、あるとき仏像がふわっと光り輝いて浮かび上がってくる。その様はまるで、阿弥陀如来が祈りを受け入れて天より舞い降りて来たようだ。

来迎を演出する二次光源

　夕方、西側の蔀戸を開け放つと、堂内は西日で明るく照らされる。しかし像の背後から進入する光は、仏像を拝観する人にとっては逆光で、太陽高度がある程度高いとき、明るい背後の化粧屋根裏との対比によって仏像は暗く見える。ところが

さらに太陽高度が下がると、床面で正反射した直射日光は、東側の白い漆喰で仕上げられた天井や壁面に達し、それらが二次光源となって仏像を照らし出す。その光はそれほど強くないものの、背後の化粧屋根裏が暗いことによって、対比の効果で薄暗い中で仏像が光り輝き始める。

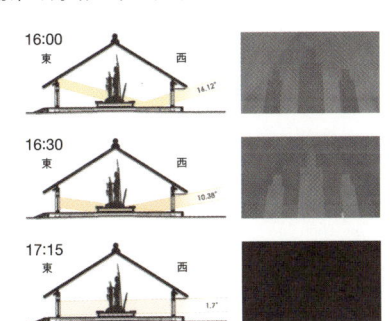

西日がもたらす光環境のシミュレーション　春分の日、西の窓から入射する直射日光は、16時半頃から東側の壁に光が当たり、その反射光で仏像が明るく見える

エッジを操作する

3

この章にあげた建物はいずれもエッジやテクスチャの処理に特徴をもっている。美しい建物はエッジの処理に気を配っていることが多い。人間の視覚はエッジを見つけ出すことから始まるといっても過言ではなく、建物の見え方にこだわるならば、これは当然のことであるとも言える。エッジの見え方によって、さまざまな光の現象が立ち現れてくる。

七変化する壁

まつもと市民芸術館（2004）

設計：伊東豊雄建築設計事務所

壁に無数の穴が空いた〈開いた空間〉に見えたり、あるいは壁全面が1枚の板から構成された〈閉じた空間〉になっていて、スポットライトで木漏れ日のような光の模様が描かれているようにも見えてくる。時間とともに、内と外の関係性が絶えず変化する視覚的効果をもった空間である。

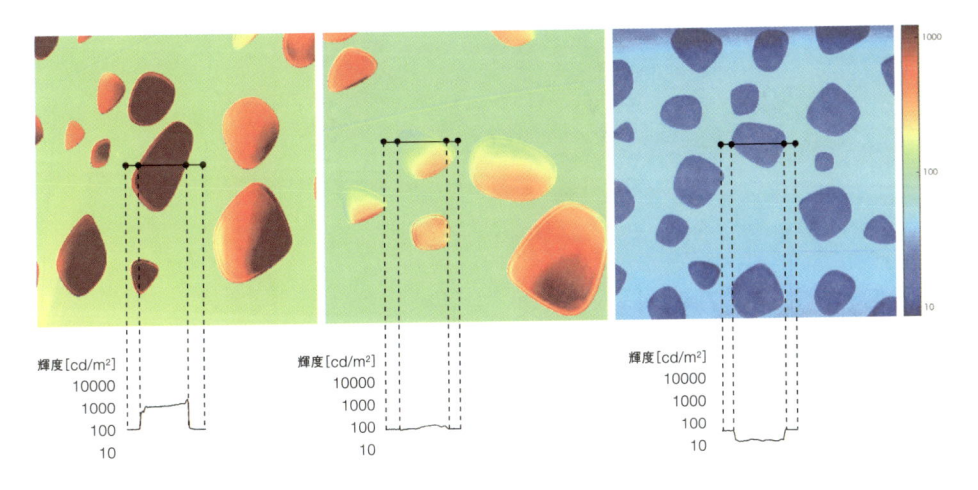

ガラス象嵌部の輝度画像 左と中央は日中、右は夜間の輝度画像(疑似カラー表示)。3つのグラフはガラス象嵌部の輝度変化を示している。ガラスの輝度が壁面より高い場合(左のグラフ)、対比効果が強いとガラスは輝いて見える。ガラスと壁面の輝度の値が近い(中央のグラフ)とガラスの存在感は消えかけてしまう。さらに夜間、ガラスの輝度が周囲の壁よりも低くなると(右のグラフ)、ガラスは黒い斑点のように見えてくる

鋭くすっきりとした輝度変化をもつエッジ

　2つの面が接する境目をエッジという。2つの面は異なる性質をもっている必要があるが、それは異なる色で塗られているということでもいいし、一方の面がより自分の近くにあり、遠くにあるもう一つの面の一部を覆い隠しているような空間的な位置関係の違いでもよい。エッジが見えている部分には必ず何らかの輝度か色度の変化が生じている。

　まつもと市民芸術館のガラス象嵌部と背景となる壁面のエッジの特徴は、同一面上で非常に鋭く無駄なく仕上げられていることである。いわゆる面一(つらいち)に納められていて、一般的な窓の周りにあるような縁による凹凸がない。そのため輝度画像で見ると多くのエッジ部分が急峻ですっきりした輝度変化になっている(上図)。

ガラスと壁面の対比が生み出す効果

　まつもと市民芸術館のガラス象嵌部の輝度が壁面の輝度よりも高い(正対比)場合、対比効果が大きいと、ガラス象嵌部が光輝の現象に見える。あるいは遠くから見ると、壁面の上に大小さまざまなスポットライトの光が当たって木漏れ日のような効果が現れる。もしガラスと壁面の輝度の値が近いと、2つの境目がわからなくなって、ガラスが壁面に埋もれて消えかけて見えるだろう。反対に夜間、ガラス象嵌部の方が輝度が低く(逆対比)なると、ガラスは窪んだ穴か黒い斑点のように見えてくる。開口部周辺で生じるこうした輝度変化によって、日中から夕暮れ、そして夜という時間の変化と光の移ろいを感じることができるのである。

光のセオリー

輝度の変化が緩急さまざまなエッジを生む

1. 異なる色やモノの境目は鋭いエッジ

身の回りにあるさまざまな色をもったモノの境目は、たいてい鋭いエッジとなっていることが多く、輝度画像で見るとその部分は急峻な変化となっている。逆に言えば、急峻な輝度変化があると、人間はモノとモノの境目があると感じやすい。さらに物理的な凹凸があって鋭いエッジの数が多いモノは、よりはっきり視界に現れてきて距離感がつかみやすくなる。

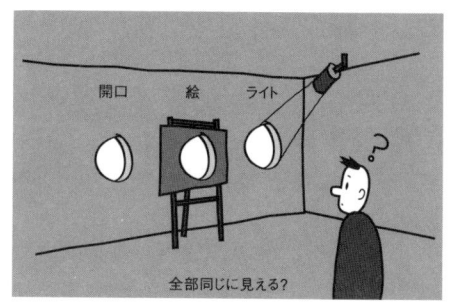

形・色・照明の操作 演劇の舞台が照明などを駆使して実際には存在しない世界をつくり出すように、色（絵画）あるいは照明（スポットライト）によって、穴が空いているような見え方をつくり出すこともできる

2. 照明が生むグラデーションは緩いエッジ

照明から出る光は、光源から離れるにつれてだんだんと弱くなっていくから、照明によってつくり出される輝度変化はたいてい穏やかなグラデーションとなっている。床や壁の上に色のグラデーションを描くことによって、まるで照明が当たっているかのような効果をつくり出すこともできる。

カーペットの色が光をつくり出す ベンチまわりのカーペットは、上からスポットライトの光が当たっているように見えるが、実際にはカーペットに色のグラデーションをつけて緩やかな輝度変化を生じさせているだけで、照明は当たっていない

3. エッジに囲まれた領域の大きさと輝度対比が見え方を変化させる

視野が2つの領域によって構成されている場合は、エッジに囲まれた領域が背景よりも小さく、かつ輝度対比が強くなればなるほど、内側の領域はより白っぽく、さらには輝いて見えてくる。

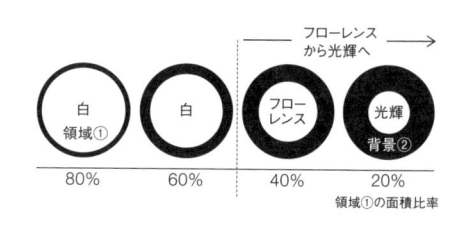

正対比の効果 視野内にエッジで分けられた2つの領域しかなく、かつ内側の領域①の輝度の方が背景②より高い場合は、領域①は白色と知覚される。さらにエッジに囲まれた領域①の面積比が50％を下回り、かつ輝度比が大きい場合は、領域①は光を帯びたようなフローレンスの見え（77頁参照）から、さらに光輝のモードに移っていく

光の設計手法

七変化する壁をつくる

1. エッジを鋭くする

　開口部まわりのエッジを鋭くして、さらに無駄なエッジを極力減らすには、ガラス面と壁面を面一にして、接合部に凹凸や縁のない仕上げが求められる。ガラス部分と壁面の輝度の対比関係や見る位置によって、ガラス部分が本来の開口部として外からの光を入れているように見えたり、あるいはガラス部分が開口部ではなくて壁面に連続する面のようになって、そこに木漏れ日かスポットライトの光が当たっているかのように見えてくる。鋭く無駄を省かれたミニマルなエッジがいろいろな見え方をつくり出す。

夜の壁　斜めから見るとガラス象嵌部が面一できれいに納められている様子がわかる

2. 輝度対比を変化させる

　鋭いエッジに囲まれた領域の輝度が、周辺の視野内で白と認識される箇所の輝度の1.7倍程度になると輝いて見え始めるとする報告がある。領域の大きさも影響するので正確な値とは言えないが、明度7程度の普通の白っぽい面で、光を帯び始めるような現象をつくるには周辺領域の4倍以上の輝度比を、輝きの印象を得るには10〜15倍以上の輝度比を目安にすればよいだろう。ただし空間構成が複雑になればなるほど、この予測値は当てはまりにくくなる。

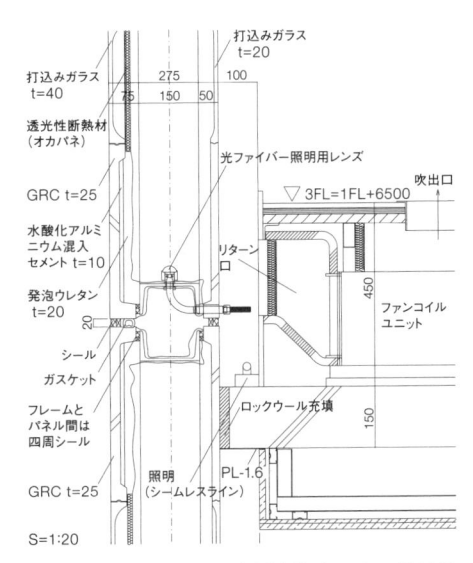

開口部断面詳細　「まつもと市民芸術館」開口部の20mm厚の打込みガラス（ガラス象嵌部）とGRCパネルは面一で精密に仕上げられている。夜間、ガラス象嵌部は内部に仕込まれた光ファイバーによって内から照らされる一方、壁面は床に埋め込まれたアッパーライトによって明るくされ、象嵌部と壁面の輝度比によって、ガラス象嵌部は明るく輝いたり、暗く沈み込んだりさまざまな見え方が生じている

雲のような光

バウスヴェア教会（1976）

設計：ヨーン・ウッツォン

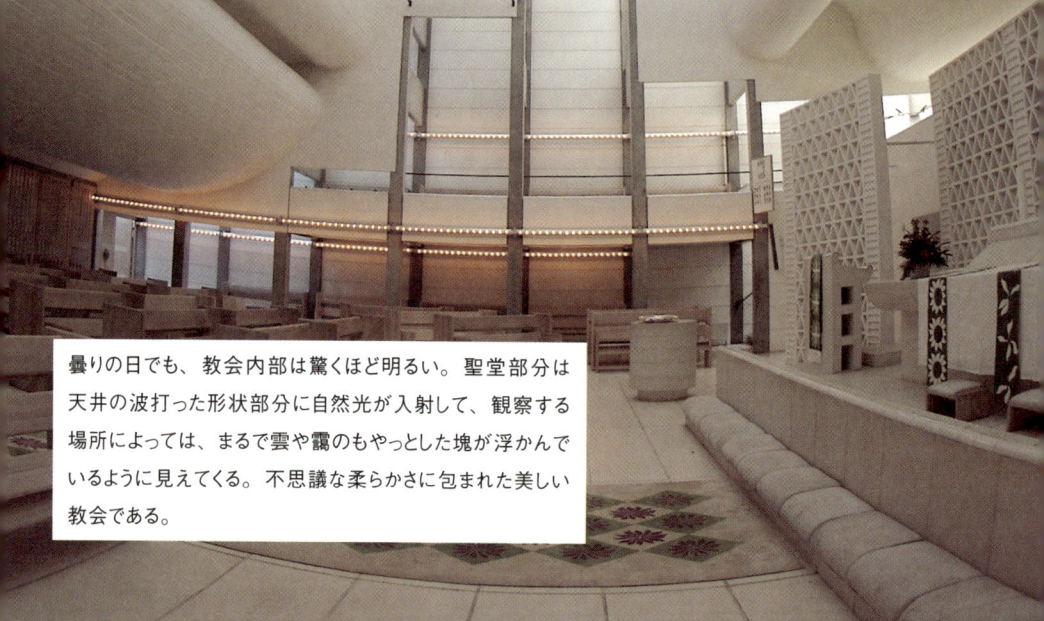

曇りの日でも、教会内部は驚くほど明るい。聖堂部分は天井の波打った形状部分に自然光が入射して、観察する場所によっては、まるで雲や靄のもやっとした塊が浮かんでいるように見えてくる。不思議な柔らかさに包まれた美しい教会である。

光の流れ　窓から入ってくる光（フォトン）の流れを点で表した図である。赤い点は窓から直接入ってきた光が白い壁に当たるまでの軌跡（直接成分という）を示している。黄色い点は白い壁に反射した後の光（間接成分）が反射を繰り返しながら広がり弱まっていく様子を示している

波打つ面に光が反射する

聖堂上部のハイサイドライトから入射した光は波打つ白い面に反射しながら、明るい天井をつくり出す。輝度の高い開口部そのものは決して目に入らないよう巧みに設計されており、一方で光は床に届く間に弱まり輝度が低くなるため、波打つ天井面のみが明るい空のような印象を生み出す。

エッジの消失

天井面には水平方向にコンクリート打設の線が残っているが、上に行くほどそのエッジが薄れていくように見える。視点位置から遠く離れた最上部の一角はエッジが消失して、その部分だけ何かもやっとした見え方を生み出している。設計者ウッツォンの意図した雲が浮かぶような現象は、明るさの表出とエッジの消失によってもたらされている。

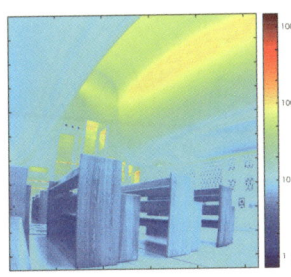

天井の輝度画像　天井部分の輝度は100cd/m^{2}程度で、日中の空の輝度が数千cd/m^{2}以上あることから比べると非常に低い。それにもかかわらず明るい空のような印象を生み出すのは、床側の比較的暗い部分との対比効果が効いていることと、天井より輝度が高いものが目に入ってこず、順応状態が抑えられているためである

天井のエッジ抽出図　天井部分の目に見えるエッジだけを抽出した図である。上に行くほどコンクリート打設のエッジが消えていく

光のセオリー

エッジが世界を出現させる

1. エッジがないと〈空間〉が見えない

　視野内にエッジが全くない状態を等質視野（ガンツフェルト）という。このような状態では人は奥行きをもった空間を知覚することができず、世界が失われてしまう。ところがエッジが1つあるだけでモノの面が見え始めて、目の前に空間が現れてくる。エッジは、反射率や位置関係が異なる2つの面の境目に現れてくるが、光を鋭くカットされた照明（スポットライト）によってもつくり出すことができる。

2. 不明瞭なエッジは
　　もやっとした状態を生む

　もやっとした光の塊は、普段は私たちの身の回りを囲んでいるはっきりとしたエッジが揺らいで、視野内がガンツフェルトのような状態に近づいたときに現れてくる。建物のある部分のエッジが不明瞭になると、そこまでの距離感が失われると同時に、何となくもやっとしたような現象が現れてくる。本当は硬いはずのコンクリートや木などでできている建物が、何か柔らかい素材でできた空間のように見えてくることもある。それは、各々の境界が明確な表面色で囲まれて安定した3次元空間が、揺らいで見え始めるからである。

　エッジの鋭さには、エッジ部分の視野角（目の位置から見たときの対象のなす角度。見た目の大きさ）当たりの輝度勾配（輝度の変化の度合い）が大きな影響を与えるので、対象までの距離もモノの見え方をコントロールする重要な要因となる。

等質視野（ガンツフェルト）の体験法　ガンツフェルトを体験するには、上図のように完全に平滑な面からなる半球を覗き込んでみてもいいし、あるいは下図のようにピンポン球を半分に切って、両目にそれぞれつけてみてもいい

エッジのない曲面は柔らかい印象を与えるのみならず、視覚的に不安定なふわふわした空間を生み出す（中村拓志／NAP建築設計事務所「HOUSE SH」）

光の設計手法

雲のような光をつくる

1. エッジのない形状をつくる

　視覚的効果は、空間形状・素材・照明の三者が絡み合って生み出される。エッジのない形状を得るためには、まずはバウスヴェア教会のように天井・壁面を曲面で構成して面同士のつなぎ目を極力少なくすることが近道である。

2. テクスチャが平滑な素材を用いる

　素材のテクスチャによる凹凸をぎりぎり知覚することができないような視点位置と対象面との距離の関係を検討する。バウスヴェア教会の場合は、コンクリート打設の跡が水平線として残っているが、聖堂の隅から遠く離れた天井を見上げるとエッジが消失してもやっとした状態が現れてくる。平滑であっても正反射成分が強い素材（鏡面素材）は照明の反射によって余計なエッジを生じさせることになるので、この場合は避けた方がよい。

3. 柔らかい間接光で満たす

　拡散反射率の高い仕上げとすることで、光を拡散させ、柔らかい間接光で満たされた空間とする。また全体を空のように明るい面に見せるためには、極端に輝度の高い部分、つまり照明のランプ部分や窓・開口部などが、訪れる者の目に入ってこないように配慮する必要がある。バウスヴェア教会はハイサイドライトの高輝度部分は下の礼拝席からは見えず、天井の見える部分には人工照明も設置されていない。輝度の高すぎる部分を視界に入れず順応輝度を抑えることで、屋外の空のような明るい印象をもたらす効果を生んでいる。

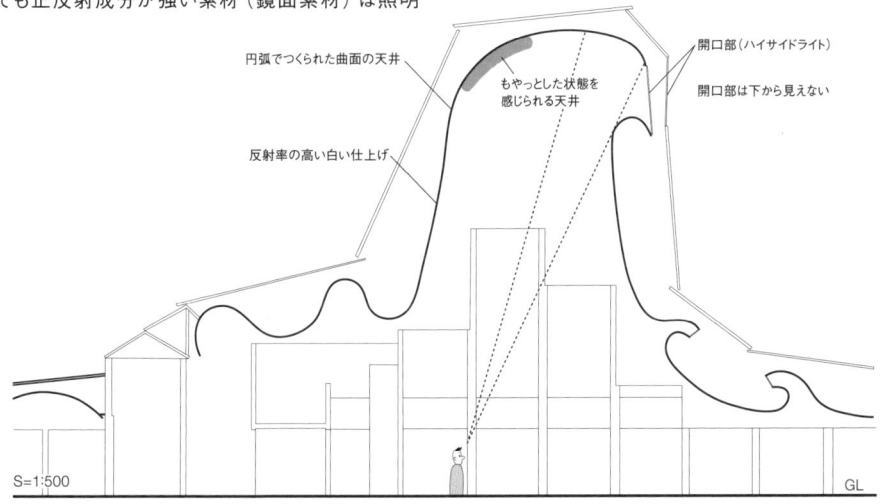

円弧でつくられた曲面の天井
もやっとした状態を感じられる天井
反射率の高い白い仕上げ
開口部（ハイサイドライト）
開口部は下から見えない

S=1:500　　GL

バウスヴェア教会の断面図　開口部と視線の関係を示している

始原的な光

ル・トロネ修道院（12世紀）

フランス・プロヴァンス地方に残るシトー派修道院で、特に20世紀に入ってから光の建築として再評価されるようになった。時間や天候によってさまざまな表情を見せるが、石に光が張りつくように輝くとともに、空間が〈エーテル〉のような光の媒質で満たされているかのごとき感覚に襲われる。

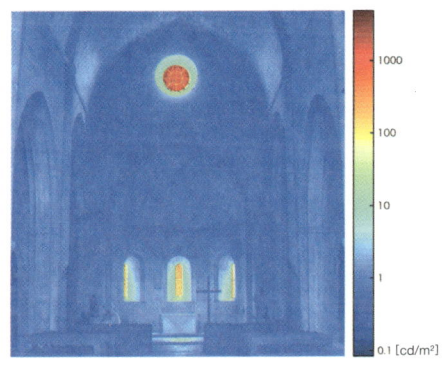

中央聖堂部の輝度画像 夏至に近い晴れた日の午前に測定。輝度の高い窓ガラスを、厚い壁にテーパーをつけて穿たれた窓枠が囲っていて、窓面と壁面の輝度対比を和らげている。また床面に反射した光は聖堂内部を満遍なく照らし、壁面から天井面まではほぼ均一な輝度分布となっている。壁面部分は薄明視レベルの明るさである

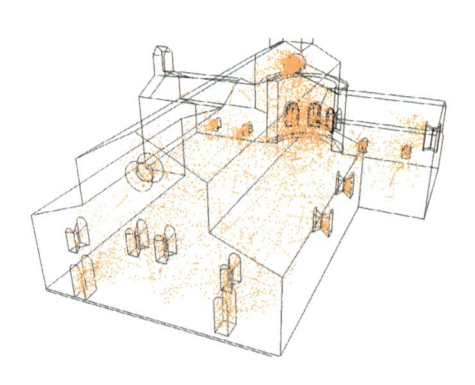

光の分布 夏至の晴れた日を想定したシミュレーションをもとに、開口部から入った光（フォトン）が分布する様子を示している

行き渡る光

　ル・トロネ修道院は開口部の数が少なく、面積も狭いために、全体として光量は少ない。しかし内部に向けて開いた開口部は、光を全体に満遍なく行き渡らせるとともに、光の受け皿となってガラス部分とのコントラストを弱める効果を持つ。

暖色の石と色ガラスを通した光

　ル・トロネ修道院の本来の石の色は若干黄色から桃色がかった暖色系の白である。聖堂内部はその石に黄色の色ガラスの入った開口部から光が照射するために、時間帯によっては壁面が黄金色に輝いているように見えてくる。

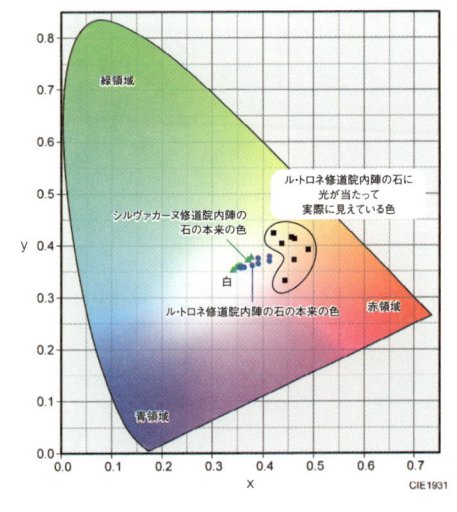

石の色度 ●はル・トロネ修道院の石の本来の色、■はその石に色ガラスを通した光が当たった場合の色を示す。なお、図中に示したシルヴァカーヌ修道院は同じ建築様式で同時期に建てられたシトー派修道院であるが、ル・トロネ修道院とは異なり、石らしい素材感が際立っていて、壁が光り輝いているかのような印象は受けない。シルヴァカーヌ修道院の石の色は▲で示しており、ル・トロネ修道院に比べると白色寄りである

67

> 光のセオリー

エッジと色の効果が光の印象を生み出す

1. 細かいテクスチャが輝きを強める

　凹凸による細かいテクスチャがついた壁の表面に、ある方向から光が当たると、細かな明暗のコントラスト（輝度対比）が生まれる。人間の目は、輝度対比が強いと輝度の高い部分をより明るく感じるため、光を受けている部分の輝きが増す。壁が光を帯びているように見えるフローレンスの現象は細かいテクスチャがついている方が現れやすい。

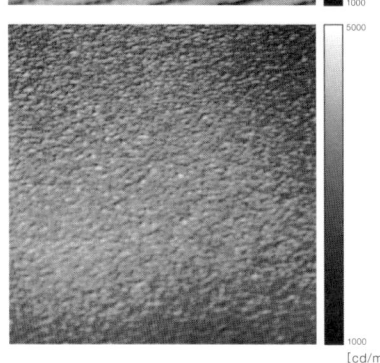

テクスチャの影響　上図は粗いテクスチャ、下図は平滑な面の輝度画像。表面は同じ塗料で塗ってあるので反射率は上下同じで、照明の当て方も同じである。下図の方が光輝に近い輝きを持った見えとなっていて、下図は明るい表面色に見えている

2. エッジの消失が光の面を生み出す

　石積みの施工精度が高い場合、遠くから見ると石と石の間のエッジが消失し、1枚の平滑な面のように認識できる。エッジの見えやすさは、ある視角（目と物体の端を結んだ2直線の角度）の中に含まれる輝度変化の数とその振幅の強さによって決まる。輝度変化の数が多すぎたり、振幅が弱すぎると、人間の知覚できる限度を超え、エッジは知覚できなくなる。石積みの素材感が薄れてモノらしさがなくなると、光の面として知覚されやすくなる。

エッジ知覚への距離の影響　はじめに本をできるだけ目から離して図の3つの円を眺めてほしい。左と中央の円は平滑、右の円は縞模様に見えていると思う。次に本を少しずつ目に近づけてみると、あるところで中央の円の中に細かい縞模様が見えてくるだろう。エッジの知覚は距離に依存する。またこのコントラストは明るいところよりも暗いところの方が知覚しづらくなる

3. 色が光の印象を強める

　人間は普通、どのような光の下でも、モノ本来の色を大体正しくつかむ能力を持っている。表面色を知覚しているときは、モノ本来の色を大体正しくつかめるが、面色が見えている場合は、モノと照明それぞれの色の区別ができなくなって、一体化した光の面として見えてくる。ル・トロネ修道院の聖堂内部は石の色と開口部の色ガラスを通した照明の色が混ぜ合わされて、黄金色の光の面が現れている。

光の設計手法

光の壁をつくる

1. 開口部を絞る

　ル・トロネ修道院は巡礼者や信者を受け入れる教会とは違い、あくまで修道士のための聖堂であったため、入口が小さい。窓の数と大きさを絞って内部の光量を減らすことで、余計なエッジが知覚しづらくなる。

2. 開口部の形状を工夫する

　ル・トロネ修道院の窓は厚い壁にテーパーをつけて穿たれ、内部に向かって広がるような形状をしている。内側の縁は壁よりも明るいため、ガラス面とのコントラストを弱めてまぶしさをなくしている。

3. 精度の高い施工と装飾の排除

　石のつなぎ目の施工精度が高い場合、遠くから見ると1枚の平滑な面に見えてきて、面色的な光の壁が現れやすくなる。そのためには余計なエッジを生む装飾は極力排除した方がよい。

4. 色を加える

　色ガラスやステンドグラスを通して色がついた光を当てることにより、モノが色づき、「石らしさ」が薄れて見える場合がある。ル・トロネ修道院と同じくプロヴァンス地方にあるシルヴァカーヌ修道院は自然光が大きな開口部から直接聖堂内部を照らし出しており、白くて粗い石としての存在感が際立っている。

聖堂内部の輝度画像　上図は現状の窓、下図はテーパーをなくした場合の窓による輝度画像である（6月正午・晴天）。テーパーが窓周囲の輝度のコントラストを弱めている

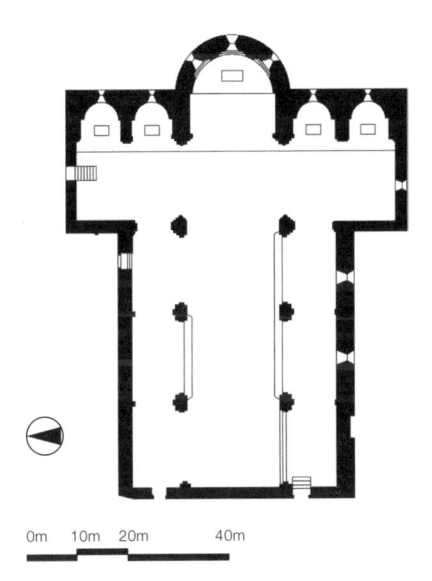

0m　10m　20m　　40m

平面図　厚い壁にテーパーをつけて、開口部を絞っている

光の紙

光の館（2000）

設計：ジェームズ・タレル／石井大五

屋根がスライドして、天井に大きく空いた穴から見える青い空。右：時間帯によって、黒い紙が天井に貼りついているように見える（構想・基本設計：ジェームズ・タレル。実施設計：石井大五／フューチャースケープ建築設計事務所）。撮影：2015年5月。2015年7月、天井の照明がLEDに変更

天井に貼りついたように見える空

　光の館の2階天井はスライドし、鋭い縁で切り抜かれた穴が空く。夕暮れと明け方の2回、この穴から時間とともに変化する空を体験できる。夕暮れ時、最初は距離感がつかみにくい面色的な青い空が見えている。時間が経つにつれて、空の青さが濃くなっていき、最後は真っ黒な面になる。このとき、本当は遠くにある空を見ているはずなのに、手を伸ばせば届きそうな天井に黒い紙が貼りついているように見えることがある。

　このような「色の見えのモード」の変化を見せるには、切り口のエッジを鋭くする必要がある。もし開口の切り口に厚みが見えてしまうと、〈天井に空いた開口部〉という認識が強まり、紙が天井に貼りついているようには見えないだろう。

色の対比効果

　天井の縁には黄色い光を出す直管型の照明が埋め込まれている。夕暮れ時に空を見ているときに、この照明が点灯すると、普段眺めている空よりも濃い青色が見えてくる。これは色対比の効果によって、黄色の反対色である青色が強められるためである。

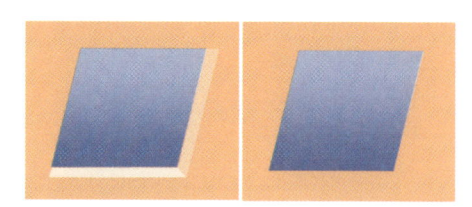

厚みのある穴とエッジの鋭い穴　エッジを鋭くすると（右）、空との距離感がより曖昧になり、天井面と同じ位置に青色や黒色の面があるように見えることがある

溶け出す朱色

伏見稲荷大社 千本鳥居（8世紀）

朱色の鳥居が立ち並ぶトンネルのような空間。右上：不明瞭なエッジが、もやがかかっているような現象を引き起こす。右下：鳥居が光へと変質したかのように輝く

エッジの消失によるもやの現れ

　朱色の鳥居が密接して立ち並ぶこの空間に足を踏み入れると、その内部はまるで鳥居が一体化したトンネルのようである。特に、直射日光がほとんど射し込まないような時間帯や天候の下では、薄暗さの中に赤いもやがかかっているように見える。また一方で、木々を抜けて射し込む光を受けた鳥居は、照らされているというよりもまるで、その表面に光を宿しているかのような鮮やかな輝きを得る。

　朱色のトンネルが視野を囲い込み、さらにこの参道の緩やかなカーブが出口を隠すことによって、われわれの視線は行く先を求めるように奥へと引き寄せられる。連続する鳥居の境界線は、奥に視線を向けるほどに間隔が密となり、エッジとして個別に知覚することが困難となる。

　奥行きを認識するための手がかりであるエッジが視覚的に不明瞭な環境下では、色が物体表面に着色されているという知覚認識が揺らぎ、距離感が不確かなままに、色の印象のみが強調される。

　これにより、鳥居の朱色は物理的な境界線を超えて溶け出し、赤いもやがかかっているような現象が起こる。

対比効果による輝き

　朱色と緑色は反対色の関係にあり、互いの色彩をより鮮やかに引き立てる視覚効果がある。鳥居に木漏れ日が射すとき、その一部に光を受けた朱色は、明暗の対比と、周囲に生い茂る緑との色対比の相乗効果によって、より鮮やかで純度の高い輝きとなって現れる。

宙に漂う3つの円

ラ・トゥーレット修道院（1960）

設計：ル・コルビュジエ

聖堂地下室内部。部屋の奥から入口側を見る。右上：円の境界を生み出す鋭いエッジ。右下：漏斗状の採光窓外観。南からの光は、背後の教会堂によってカットされる

北空からの拡散光とマットな塗装面

　教会堂の北側に位置する聖堂地下室に光を与えるのは、天井に開いた3つの採光窓である。この採光窓は漏斗形状をしており、通常の視線では見えない高さにあるトップに、網入りフロストガラスがはめ込まれている。漏斗形状の内部は、プラスターで塗装されマットに仕上げられている。これらにより、採光筒内部は拡散光で満たされ、開口部はテクスチャのない明るい面として知覚される。

　天井面は、実際は水色に塗装されているのだが、壁や床からの少ない反射光しか当たらないため、深い紺色に見えている。この深い紺色との対比により、白、赤、黒色の開口部は、さらに明るさを増して知覚される。

　天井面と開口部の境界は、形状、塗装色といいう物理的要素に、照明効果が加わることで、輝度の対比が強まり、鋭いエッジとして目に飛び込んでくる。このエッジによって切り取られた開口部は、奥行きの手がかりとなるテクスチャがないために、面のように知覚され、3つの円形が宙を漂うかのような見え方をつくっている。

採光窓の配置

　採光窓は北に向かって扇形に広がり、それぞれ異なる方向の空をとらえている。東側に位置する白い円は、朝の色温度の高い光を取り込むように、西側の黒い円は、夕方の太陽高度の低い光が入るよう傾斜角をとっている。刻々と変化する太陽の動きと連動した建築的仕掛けである。

薄れるエッジ

青森県立美術館（2006）

設計：青木淳建築計画事務所

遠くから見ると平滑面として見える外壁。近づくと、レンガの目地のようなエッジが見える

もやがかかったような空間

　ホワイトキューブと呼ばれる白い箱型の展示室は、全ての面が真っ白の空間となっているため、内部で光が拡散反射を繰り返し、すみずみまで均一に明るくなっている。輝度がどこでも同じような値になるため、壁と壁が交わるエッジ部分も輝度勾配が小さくなり、遠くから見るとエッジが薄れがちになる。エッジが薄れた辺りを見ていると、そこだけ何か霧が立ち込めているように感じられる。

外壁までの距離と見え方の変化

　青森県立美術館の外壁を遠くから観察すると、真っ白な平滑面として見える。ところが、建物に

天井と壁のエッジが薄れ、奥行き感が失われた展示室

近づくにつれてレンガの目地のようなエッジが見え、組積造なのだろうと判断する。さらに近づくと、エッジ同士の関係性が細部まではっきりと見えるようになり、組積造ではなく実はレンガ張りであると気がつく。近づくにつれて建物の装いが変化するように綿密に計算された設計である。

絵の具で描かれた光

ヨーガンレール丸の内店（2003）

設計：乾久美子建築設計事務所

屋外に面した左側の空間は青色の照明で照らされているように見える

群青色の光

　店の奥からエントランス側の空間を見ると、群青色の濃い光に満たされているように見える（上写真）。ところが天井のダウンライト部分は白く、また空間内で光の色を測定しても、実際には黄色がかった白色光で、決して青い光ではないことがわかる。

　この空間の壁は、塗料を含ませたスポンジを用いて柔らかい色のグラデーションをつけることによって、部屋と部屋との間の色の境目をぼかしている。緩い輝度変化を照明の変化として知覚しやすい人間の知覚特性を逆手に取って、絵の具のグラデーションで照明の効果をつくり出した例である。

オレンジ色の光

　下の写真では、オレンジ色の光が隙間から漏れ出しているように見える。ところがこれもオレンジ色の塗料でグラデーションをつけて光に見せている例である。上の写真のように少し引いた位置から全体を眺めると、左側のオレンジ色と青色の反対色の関係でそれぞれの色がより鮮やかになり、より光らしく見えてくる。

オレンジ色の光が隙間から漏れているように見えるが、これも塗料の効果

青いもや

浜松市秋野不矩美術館(1997)

設計:藤森照信+内田祥士

展示室内観。トップライトからの光は青色のもやのように見える。右:人工照明を消した際の開口部。実際の開口部の色度は物理的には白色の領域で(下図参照)、室内の人工照明を消すと、青色は消えて白いもやになる

開口部に溜まる光

　展示室の天井中央部に開いた光井戸の中にもやが溜まっているように見える。光が拡散してすみずみまで行き渡った光井戸の内部は、垂直方向のエッジの鋭さが弱く認識され、奥行き感がつかみにくくなる。エッジを微かに認識しながらも本来の硬い表面が知覚しづらいときに、もやっとした霞の塊が現れる。

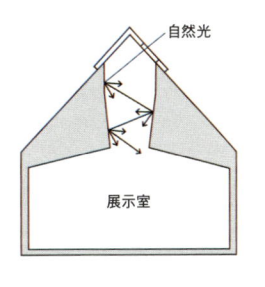

展示室断面図
トップライトから取り込んだ自然光が光井戸内部で乱反射を繰り返す

対比による青いもや

　開口部に溜まった光は青いもやのように見える。人間の視覚には、ある色をずっと見ていると、色相環の反対側に位置する反対色が見えてくる特性がある。この部屋では四隅に設置された人工照明の色温度が若干低くてオレンジがかっているため、対比効果により中央の開口内部のもやが青く見えている。

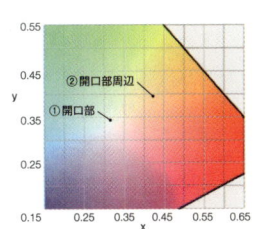

開口部と天井面の色度
人工照明がついているときの①開口部と②開口部周辺の天井面の色を表している。開口部は白色、開口部周辺はオレンジ色になっていることがわかる

色の見えのモード

吉澤 望

COLUMN

現象としての光

建築における照明のデザインは、モノを〈正しく〉認識させることを目的とする場合と、むしろ物質的な制約を離れてさまざまな現象をつくり出すことを目的とする場合がある。カトル（Cuttle）は前者をAllusion（暗示）のデザイン、後者をIllusion（錯覚）のデザインと分類した。本書で語られている建築の光のうちかなりの部分はこの後者のデザインに該当する。というのも、昔から建築における光の役割が、一般的なオフィス照明のようにモノをありのままに見せるだけには留まらず、いろいろな視覚的効果をつくり出して豊かな建築空間を生み出すことにあったからであると言えよう。本書でも取り上げられているキンベル美術館（34頁）のヴォールト天井は、本来はコンクリートなのに、銀色の光を帯びて輝いているように見え、柔らかく居心地のよい空間をつくり出している。ここではコンクリート本来の鈍重な物質的制約を、照明を用いることで変化させてしまっているが、建築において〈光〉という言葉で語られる多くの現象が、このようにその物質本来のモノらしさが揺らいだときに現れる見え方であると言える（図1）。

色の見えのモード

上記の現象としての光をより詳細にとらえるためには、20世紀初頭にドイツの現象学的心理学者カッツ（Katz）が提唱した「色の見えのモード（Mode of Colour Appearance）」を参照するとよい。カッツの示した9つのモードを図2に示す。

〈表面色〉は、硬く突き通せない面が知覚されて、観察者からの位置関係を明確につかむことができ、表面の肌理なども正確に把握できる見え方である。

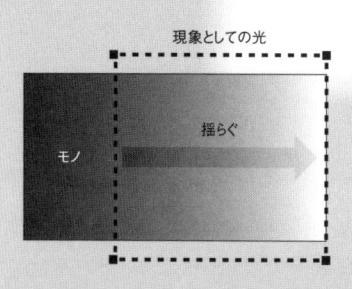

図1 モノらしさが揺らぐと現象としての光が現れる

表面色 surface colour	透明面色 transparent film colour	光沢 lustre
面色 film colour	透明表面色 transparent surface colour	光輝 luminosity
空間色 volume colour	鏡映色 mirrored colour	灼熱 glow

図2　カッツの現象学的手法による「色の見えのモード」による分類

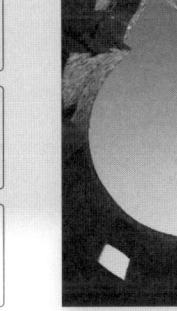

写真1　面色の例。開口を通した空

　物体色という表現をされる場合もあるが、必ずしも硬い物体だから表面色に見えるわけではなく、光の館（70頁）の開口部のように空や雲が表面色に見えてくることもある。建築空間ではまず安定した体重を支える床としっかりとした壁や天井が認識されることが大切であるから、最も基本的なモードであると言えよう。

　〈面色〉は、柔らかく突き抜けるような感じを受ける見え方で、観察者からの位置関係が曖昧になる。小さな開口を通して白い壁などを見ると面色が現れやすい。雲1つない青空などが面色の例としてあげられる（写真1）。

　〈空間色〉は、3次元的に分布し空間を満たしているように見える見え方で、霧やもや、あるいはガラス容器に入った少し濁った液体などがその例に当てはまる（写真2）。

　〈透明面色〉は、カラーフィルターのような色のついた面で、かつその面を通して向こう側に表面色が見えている場合に現れる見え方である。もし向こう側に何も見えないと単なる面色になる（写真3）。

　〈透明表面色〉は、その面を通して向こう側が見える透明な面ではあるが、その面に何らかのテクスチャや模様が残っているものを指す。建築でいうと簾は透明表面色に分類できるだろう（写真4）。

　〈鏡映色〉は、水面に映る建物のように、ある面に像が映っているときの見え方である。

　〈光沢〉は、古く磨かれた木製の床の表面などのテカリで、鏡映色と違いもとの像が判別できない場合は光沢になる。

　〈光輝〉は、その面を光が通り抜けているか、その面自身が発光しているように見えるモードである。面色あるいは空間色的な性質を帯びることもある。建築空間では、人工照明のランプは光輝ととらえることができる（写真5）。

　〈灼熱〉は、熱せられて光を発する鉄の塊のような見え方とされている。

　カッツ自身もこれらが全ての分類ではないと述べているように、他の現れ方もあり得る。たとえばエヴァンス（Evans）は表面色と光輝の間に、フローレンス（Fluorence）と呼ばれる現象を位置づけた。これは表面色というには明るすぎ、光輝というほどは輝いていない見え方で、その表面がやや

77

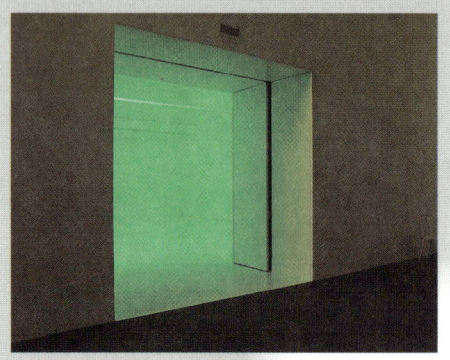

写真2　空間色的な見え

写真3　色ガラスによる透明面色

光を帯びたように見える状態である。有彩色の場合は、彩度が高くなる、つまり鮮やかさを増すとフローレンス的な見え方になる。

モード移行の物理的条件

カッツの分類は、あくまでモノの見え方に即して現象を分類していることが特徴で、そのような見え方を生み出す物理的要因はひとまず脇に置いて考えていない。しかしながら見え方を分類することによって、どうすればそのモードをつくり出すことができるのかという問題を解く筋道が見えてくる。

最もわかりやすいモードは光輝であろう。光輝とグレアは近い関係性にあるから、光輝の表出条件についても輝度比・背景輝度・対象の大きさや位置が影響してくることが予想できる。まだいずれの方法も完全な解を得られているわけではないが、コントラスト・プロファイル法はその解を導く一つの有望な手法であると考えられる。表面色から光輝への移行過程で生じるフローレンスの表出条件を考えるためには、明度知覚理論が深くかかわってくる（図3）。

これについて今まで最も体系的にまとめられたものとしてギルクリスト（Gilchrist）のアンカリング理論（Anchoring Theory）があげられ、単純な面から構成された視対象であれば、ある程度設計段階での参考値を導き出すことができよう。

モード移行で最も大切なものは面色への移行であり、これにカッツは現象学的なReduction（還元）という言葉を当てている。面色の表出条件についてもまだ完全に明らかにはされていないが、エッジ知覚が深く関わっていることは疑いのないところであろう。基本的に対象面内部のエッジが見えなくならないと面色的なモードは生じない（一方で、エッジが見えない面であっても表面色に見えることもあるので、エッジ知覚が面色表出の十分条件となっ

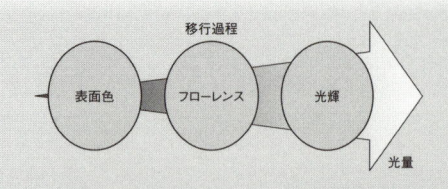

図3　**表面色からフローレンス・光輝へ**　明度知覚理論が深くかかわる

写真4　透明表面色的な簾

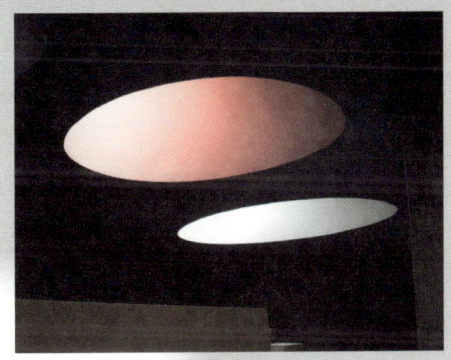

写真5　光輝モードに近い輝き

ているわけではないことには注意が必要である）。エッジ知覚については人間の視覚システムにおける多重チャンネルモデルやコントラスト感度などを考慮に入れた画像処理によって、輝度画像から予想することができるようになりつつある。

色の見えのモードと建築・知覚心理学・哲学

　色の見えのモードの分類方法については、1950年代以降、米国を中心にもう少し別の分類も出てきているが、純粋に現象に即した分類という観点からは今でもカッツの提案が最も明確であろう。モードの移行条件についてはまだいずれも完全な解は得られていないが、シミュレーションから得られた輝度画像をもとにして、設計段階である程度現象を予測することは可能になりつつある。

　なお本稿では深く触れなかったが、色の見えのモードはメルロ＝ポンティの主著である『知覚の現象学』において、知覚の本質を探っていく議論の背景となっている。そこでは面色へのReduction（還元）が、知覚の本質を探るための現象学的還元と結びつけられることになる。現象学的建築と称されることもあるスティーヴン・ホールの作品が、同時に光と切り離せないものであることも、モードの議論を通せば明らかであろう。色の見えのモードは、建築における光の現象、知覚心理学によるモード移行条件の検討、そして現象学を通した哲学的議論の3者を結びつける〈要〉になっている（図4）。より詳細な議論を知りたい方は以下の文献を参照されたい。

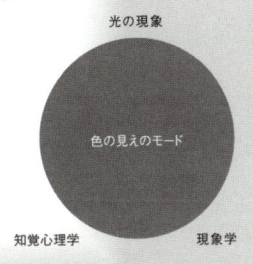

図4　さまざまな領域のつながり　色の見えのモードを通して建築の光の現象に対してさまざまな観点からの議論が可能となる

参考文献
D. Kats, *The World of Colour*, 1935, Kegan Paul, London
M.メルロー＝ポンティ『知覚の現象学』竹内芳郎他訳、1974年、みすず書房
村田純一、吉澤望ほか『知の生態学的転回2　技術・身体を取り囲む人工環境』2013年、東京大学出版会

流体のような光

ロンシャンの教会(1955)

設計：ル・コルビュジエ

礼拝堂上部の採光装置。ハイサイドライトから入射した光は、反射しながら祭壇へ向かう

粗い凹凸による明るさの対比

　造形的なコンクリートの屋根をもち上げるのは、厚みをもった白い壁である。吹き付けの白い石灰塗料で形成された粗い凹凸面に光が当たると、凸部分が白さを強調する一方、凹部分は影となり多様な黒色やグレーが現れる。点描画のような細かな色調の集合は、全体として徐々に変化するグラデーションをつくり、密実な壁を光がじわじわと浸食するような印象を生み出している。

　空へ伸びた礼拝堂の塔は頂部が丸くなっており、ハイサイドライトから入射した光を集めて下方へ落とす。落ちる光は塔内部の表面で何度も反射しながら祭壇に向かうが、凹部分で生じる影が、明るさの対比によって、凸部分をさらに白く輝かせる。細かな粒子が壁をつたって流れ落ちるかのようである。

メガフォン形状の小室

　南側の厚い壁には、さまざまな大きさと角度をもった四角い小室が並んでいる。小室の奥にはめ込まれたステンドグラスから射し込んだ光は、メガフォン形状によってより内部へと反射しながら、小室を満たし教会全体に広がる。ヴォリュームをもった光の群が、太陽と雲の動きに呼応して刻々と変化する様子は、寄せては返す波のようである。

南側壁面に並ぶメガフォン形状の小室群

光を帯びる壁

聖イグナティウス礼拝堂（1997）

設計：スティーヴン・ホール

内部正面。テクスチャの凹凸が光の現象効果を強めている

テクスチャの凹凸

　この礼拝堂の内部の壁には、凹凸のある波打った筋模様がついている。この凹凸の向きが異なる面が隣り合わせに並べられているため、明暗のムラが壁に生じ、布のような柔らかい印象を与えている。さらに凹凸がついている面上では、明暗の細かい輝度対比が強まるため、明るい部分は面全体が光を帯びているように見えるフローレンスの現象に移行しやすくなる。

色のついた光

　礼拝堂内部は黄色やオレンジなどさまざまな色の光で彩られている。一般に、ペンキのような塗料（物体色）よりも、照明の光（光源色）の方が、純度の高い（主としてその色の波長だけをもっている）色をつくりやすい。純度の高い有彩色の光を白い壁に当てると、彩度が高くなって、蛍光色のような透明感をもったフローレンスの現象を生み出しやすくなる。その結果として、もともとは固くて重い印象を与える表面色モードの壁が、軽く柔らかい印象をもつ壁に変容することになる。

向きが異なる凹凸のある壁のテクスチャ

オレンジ色の光がフローレンスの効果を強めている

レイヤを重ね合わせる

4

われわれは光の建築でさまざまな不思議な見え方を体験する。しかし、それらの見え方が理解できないからといって、われわれの目が騙されていると考えるのは間違っている。そこにはちゃんと物理的な背景がある。新しい光の建築を創造するには、まず自分の目を信頼することがとても大切だが、それに加えて、見え方は物理的につくり出されていること、これを理解することが必要だ。

しみ出る図像

駿府教会(2008)

設計：西沢大良建築設計事務所

自然の光が次第に力を失い始めた夕暮れ時、大きな天窓が設けられた板張りの簡素な礼拝堂の中で佇んでいると、板張りの向こうから、蜃気楼のようにしみ出した図像が、静かに語りかけてくる。

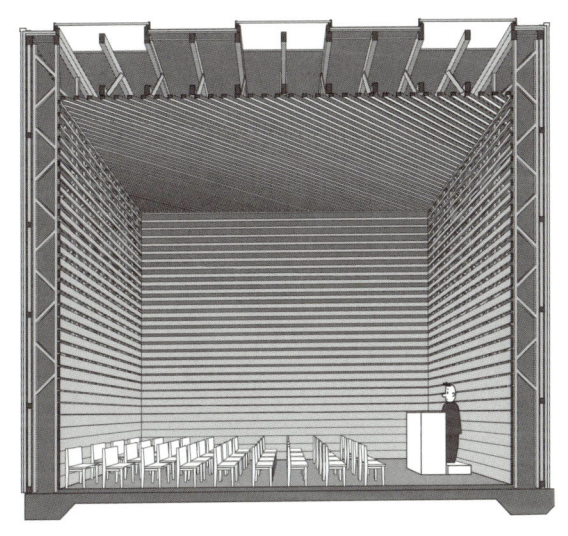

日中の礼拝堂　室内がとても明るい日中は、横ルーバーの隙間から見える中空壁の内部はほとんど真っ暗で、壁内に見えるものがほとんど気にならない。夕暮れ近くになると、堂内の光は急激に弱くなるが、中空壁の内部には天窓からの光が少なからず届き、その結果、中空壁のトラス材が浮き上がって見える

夕暮れ近くに静かに現れる蜃気楼

　日中、礼拝堂内の光は中空壁内部に比べて格段に強く、明るく照らされた礼拝堂の壁面が活気にあふれて見える。それが夕暮れ近くになると、堂内と壁内の光のバランスが変化し、壁を構成するトラス材が、壁面ルーバーの奥から蜃気楼のように静かに浮かび上がってくる。

硬さが変化する天井ルーバー面

　真下から見上げると強固に構成されているように見える天井ルーバー面だが、斜めから見上げると、ガーゼのような柔らかい物体で構成されているように見える。

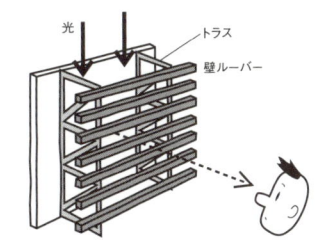

中空壁のトラスの見え方　中空壁のトラスは手前の壁ルーバー越しに見えるため、壁内の光量と室内の光量との関係が見え方を左右する

ガーゼのように見える天井ルーバー面　天井と壁は同じようなルーバー面だが、光の当たり方と見る方向の違いにより、見え方が異なる

光のセオリー

図像のしみ出しは物理現象

1. 輝度分布が見え方を決める

うまく撮影された写真を見れば、環境の見え方がおおよそ分かるように、われわれの視知覚は、環境の輝度分布が写真のように網膜に投影されて生ずる。見え方が変化するのは、目に入射する輝度分布が変化しているからだ。

2. ルーバー壁を構成する2つの輝度分布

駿府教会のルーバー壁の輝度分布は、壁面の横ルーバーがつくり出す手前の輝度分布と、ルーバーの隙間から見える奥の輝度分布が組み合わされてつくり出されている。2つの輝度分布は、それぞれの光環境、物体構成、反射率によって決まるが、より輝度が高く、よりコントラストの大きい方の輝度分布が、合成された輝度分布の見え方を支配する。日中は壁面ルーバーがつくり出す輝度分布が支配的で、夕方は隙間から見える輝度分布が支配的になることから、奥のトラス材がしみ出すような現象が起こる。

支配的な見え方を決める輝度分布 表参道のルイ・ヴィトン（設計：青木淳建築計画事務所）では、日中は外壁付近のメタルファブリックでつくられる輝度分布が支配的なのに対し、夕方以降は奥の輝度分布の見え方が支配的になる。この見え方の変化は、それぞれの輝度の高さとコントラストの強さの変化によって生ずる

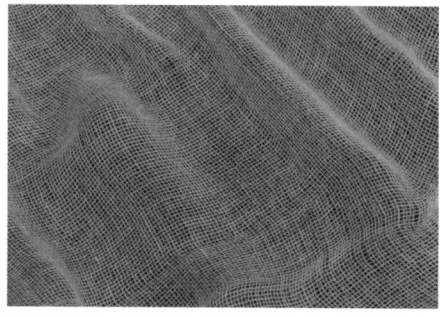

3. 細かく弱い輝度変化が生む柔らかさ

駿府教会の天井面を真下から見上げると、エッジの効いたルーバーで構成される輝度分布が目に入り硬い印象を受けるが、その天井面を斜め方向から見上げると、ルーバーのエッジが斜めに重なり合って、細かく弱い輝度変化をもつ輝度分布が生じ、その結果ガーゼのような柔らかい印象を受ける。

ガーゼの見え方 天井面がガーゼのように見えるのは、その表面が、ガーゼと同じように細かく弱い輝度変化をもつからだ

光の設計手法

図像のしみ出しをつくり出す

1. 2つのレイヤの輝度分布を認識する

駿府教会のような2層の壁面のうち、ルーバーから構成される手前の輝度分布、ルーバーの隙間から見える奥の輝度分布が、それぞれどのような絵となるかを認識し、それらがどのように見えれば設計意図に合致するかを検討する。なお、この考え方はルーバーでなくパンチングなども利用できる。

手前の輝度分布のパターン 手前の壁面パターンには、ルーバー以外にもさまざまなものが考えられる。合成された見え方は、奥の輝度分布のパターンとの関係で変化するため、合成されたときをイメージしながら選ぶ

2. どちらの輝度分布を どの程度支配的に見せたいかを決める

ルーバーが細く、隙間サイズが大きいほど、奥の輝度分布が支配的に見えやすくなる。隙間から見える輝度分布だけがはっきり見えると、しみ出しという印象は薄れる。奥の輝度分布が支配的であるものの、手前の輝度分布もある程度存在感があって初めて、蜃気楼のように見える。

3. 光の量や反射率を調整して 見え方をつくり出す

輝度の高さはモノの見え方に大きな影響力をもち、物体表面の輝度は照度と反射率によって決まる。見え方を変動させるためには、反射率の高いもので構成して照度を変動させるとよい。反射率の低いものは光量を変えても輝度は低いままなので、ルーバーを暗い色（低反射率）にすると、奥の輝度分布が常に支配的に見え、見え方は安定してしまう。

見え方変化のシミュレーション 上図は壁面ルーバーの反射率を実際より低く設定。実際の反射率で設定した下図より、壁内のトラスが安定して透けて見えている

重ね合わされた環境情報

金沢21世紀美術館（2004）

設計：妹島和世＋西沢立衛／SANAA

館内と庭園との一体感をもたらす存在感を消した大きなガラス壁の表面に、あるとき動きが見え始める。それはガラス越しに見ようとしているシーンの上にうっすらと重ね合わされた自律する映像だ。2つの自律したアクティビティが、時間とともに、歩行とともに、干渉し溶け合う。

夕景。直射日光が射す日中は屋外から室内の様子はほとんどうかがえないが、夕方暗くなり室内の照明が点灯されると、室内の様子がよく見えるようになる

時々刻々と変化する2つの環境情報

　ガラスの表面で重ね合わされた2つの環境情報は、天候の変化や時刻の経過とともに、その強弱が揺らいでいく。そしてその強弱の関係は、室内からの視点と屋外からの視点とで正反対のものとなっている。

こちらの動きによって加速する
重ね合わされたアクティビティ

　ガラス壁面の付近で視線を左右に振ったり、ガラス壁面に平行に移動したりすると、表面に重ね合わされた自律映像が映画のように変化していく。そしてガラスに曲面があると、しばしばその映像の変化が予想を超えたものになる。

視点の移動の効果　ガラス壁面と平行に移動すると、映り込むものが刻々と変化し、ガラスに曲面があると、予想外の景色がしばしば映り込む（妹島和世＋西沢立衛／SANAA「トレド美術館ガラスパヴィリオン」）

光のセオリー

輝度分布が情報を伝達する

1. 常に生じているガラス面での映り込み

透明ガラスであっても10％程度の反射率はあり、ガラス越しに何かを見ると、ガラスを透過して見える輝度分布の上には、必ず正反射した鑑賞者側の輝度分布が映り込み、重ね合わされている。美術館では鑑賞を阻害するこの映り込みを避けるため、さまざまな工夫がなされている。

煩わしい映り込み ガラス越しに見たいものがあるとき、手前の環境が明るいと映り込みによって見たいものがよく見えない

2. 映り込みは輝度分布の重ね合わせ

ガラス表面で正反射した輝度分布は、こちら側の情報をリアルタイムで伝える映像ととらえることができる。フロートガラスの反射率は、入射角によって異なり、入射角が60度を超えると急激に大きくなるが、これを肯定的に、正反射する輝度分布の強度が増し、反射映像が支配的に見えるととらえることも可能だ。

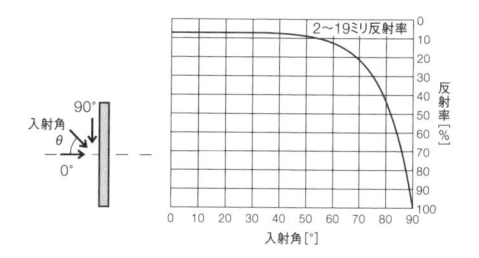

フロートガラスの反射率 ガラスの反射率は入射角度によって変わる。通常入射角が60度を超えると急激に大きくなる

3. 2つの輝度分布はお互いを干渉し合う

目に見える輝度分布は、透過して見える輝度分布とガラス表面で正反射する輝度分布が、単純に足し合わされたものとなる。反射する輝度分布が一様であっても、それが足し合わされた輝度分布では輝度比が減少し、透過した輝度分布のクリアさは失われて見える。ガラス面に映り込む映像はこのような輝度分布が連続したものだ。ガラス面が相互に映り込む位置関係にあると、想像を超えた映像をつくり出すこともできる。

相互の映り込みの効果 曲面ガラスが相互に映り込む位置にあると、予想外の輝度画像が何重にも映り込み、想像を超えた見え方になる（西沢立衛建築設計事務所「十和田市現代美術館」2008年）

光の設計手法

映り込む映像を意図的につくる

1. 映り込む絵を想像する

ガラス越しに見えるシーンに映り込むのは、真正面から見ると自分の顔だが、視線を左右に振ると意外に離れた所が見える。特にガラスとの距離が近いと予想外の絵が映り込むことになる。

2. 視点との幾何学的な位置関係を検討する

ガラス面での映り込みは正反射によって生ずる。正反射では入射角と反射角が一致するため、何が見えるかは幾何学的に推定できる。想定する視点から見たとき、見る価値のある映像がきちんと映り込むかどうかをチェックする。

3. 意外な映り込みの種を植えつける

基本的な映り込み映像はあらかじめ検討するとしても、予想外の映像が重ね合わされる面白さも必要だ。その一つの方法がガラスを曲面で仕上げることである。微妙な曲面での正反射方向を正しく予測することは難しく、さらに視線が高さ方向に変化すると格段に難しくなる。しかしこれが、意外で面白い映像を映り込ませる可能性もある。

4. 光の量の関係を検討する

重ね合わされる2つの映像は輝度分布として足し合わされたものだから、測光量としてのバランスで見え方が決まる。たとえば屋外から屋内を眺めたときの映り込みを緩和しようとする場合なら、昼間は屋内の光量を極端に上げることが必要になるが、夕方なら少しの光量を加えればよい。

室内外の光量のバランスと見え方 たとえ室内照明が同じように点灯されていても、日中と夕方では屋外の光量が全く異なるため、その見え方は大きく異なる（伊藤恭行／CAn「高志の国文学館」）

時とともに変化する表情

馬頭町広重美術館（2000）

設計：隈研吾建築都市設計事務所

日没後の外観。ルーバー越しに内部の様子が浮かび上がる

見え方の移り変わり

　太陽光が降り注ぐ時間帯、ルーバーで構成されたこの美術館のファサードを屋外から見ると、しっかりとしたルーバーが屋根や壁を構成しているように見える。ところがこのとき、美術館内部からルーバー越しに屋外を見ると、ルーバーは存在を消し、外の景色が浮かび上がって見える。やがて日没を迎え屋内照明が点灯する。すると外観に表れていたルーバーは存在を消し、内部の様子が浮かび上がって見え、このとき内部から屋外を見ると、ルーバーがしっかりとした壁に見える。

ルーバーというレイヤ

　この建築の内部と外部の境界には木製ルーバーが設置されていて、この建築を屋外から見たり、屋内から外部を見たりする場合、必ずこのルーバーによって構成されたレイヤ越しに見ることになる。このレイヤの効果は、ルーバー面の輝度と向こう側に見える景色の輝度との関係で決まり、ルーバー面の輝度が景色よりも高いとルーバー面が存在感をもってしっかりと見え、逆にルーバー面の輝度の方が低いとルーバーの存在感がなくなり、ベールがうっすらとかかったように見える。

日中の外観

実在しない模様

ルイ・ヴィトン名古屋（1999）

設計：青木淳建築計画事務所

外壁に浮かび上がる模様は、見る位置によって不思議に変化する

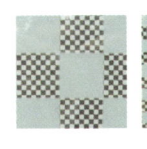

ガラス面より30cmほどの距離から見たパターン（左）と、1mほど離れた所から見たパターン（右）

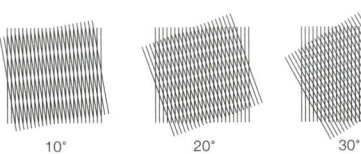

モアレの例　2枚の縞模様を重ね、一方を回転させると模様が変化する

模様が変化するファサード

　大通り沿いのこの建築の前を通りかかると、自らの動きに合わせてファサードの模様が陽炎のように動く。不思議に思って近づくにつれその模様は変化し、1mほどの距離になると左右の目のどちらに意識を合わせるかによっても見え方が異なる。

2枚のレイヤから生まれる情報

　このファサードは、〈モアレ〉を意図してつくられている。モアレとは、規則正しい模様を重ね合わせた際に新たな模様が視覚的に現れる現象で、ファッションやアートの分野においても用いられる手法である。手前のガラスは透明と乳白半透明、奥の壁は白と焦げ茶のダミエ・パターン（市松模様）がそれぞれ施されており、手前のガラス透明部分から見える奥の市松模様が合成されることで実際には存在しない模様が見える。また、ガラスと壁の間に1mほどの距離があることが視距離の違いとなり、見る距離によって2枚のレイヤの相対的な関係を変化させ、視点や視線方向、見る距離によって模様を変化させる要因となっている。

ガラスに浮かぶ外の気配

東京キリストの教会（1995）

設計：槇文彦＋槇総合計画事務所

晴れた日の夕方、礼拝室中央から祭壇方向を望む。西日がガラス面に当たるとき構造架構や街並みの影が浮かび上がる

礼拝室ににじむ光と風景

　礼拝室に入ると、祭壇側にガラス面が広がり、柔らかい光に包まれる。このガラス面を通して外の景色を望むことはできないが、構造架構の影や、街並みの輪郭、西日の色合いなど、ガラスの外の要素が染み込んでいるように映し出される。そして映し出された画像が屋外の光とともに緩やかに変化することで、外の気配と時の流れを感じさせる。

輝度変化を操作するガラス

　この正面の壁は、構造架構（フィーレンデール）を挟む形で2種類のガラスにより構成されている。それぞれのガラスには仕上げの加工が施され、光を拡散偏向するため、普段はガラスの向こう側の物体は見えず、均質で柔らかな面に見える。しかし西日の時間は、指向性のある強い直射日光と、物体の陰の部分に強いコントラストが生まれ、〈暗いかたち〉が浮かび上がる。1枚のガラスを透過して映る構造架構は、エッジの明瞭な影絵のように映り、2枚を透過する外の街並みは、輪郭を失いおぼろげな画像として映し出される。

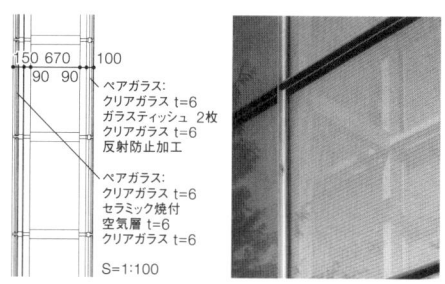

150 670 100
90 90

ペアガラス：
クリアガラス t=6
ガラスティッシュ 2枚
クリアガラス t=6
反射防止加工

ペアガラス：
クリアガラス t=6
セラミック焼付
空気層 t=6
クリアガラス t=6

S=1:100

西面のガラスと構造架構　内側のガラスにはガラスティッシュとブラスト加工が、外側のガラスにはセラミックのパターンが施されている

光と地域性

小泉 隆

COLUMN

気候風土と建築造形

　建築の大きな特質は、その土地の気候風土に根ざすことである。ここでは地域によって異なる太陽光の特性と、建築の造形や光の扱い方との関連が興味深い例を示しながら、光と地域性について考えを巡らしたい。表1に参考となる都市の気象・日照条件などを示したので、適宜参照のこと。

地中海気候における光と影、あるいは光と闇の対比

　光と建築造形の関係を論ずるうえでまず語らねばならないのは、ギリシア建築、ローマ建築における光と影、あるいは光と闇の二元対比的な関係だが、それらは地中海地方の気候風土が前提となる。フルーティング（彫溝）による影が柱の量感をつくり出すパルテノン神殿（写真1）、闇の中に鋭く射す一条の光が刻々と動くパンテオン（写真2）がその代表例だ。高温多湿で曇天の多い日本の夏期に対して、地中海地方の夏期は高温だが湿気が少なく晴天も多いため、強い日差しの太陽光が支配的だ。

　近代建築においては、地中海的な光のもとで理想的な建築造形を求めたル・コルビュジエの言葉や作品が思い浮かぶ。

　幾何学的な形態に方向性の強い光が当たり、光と影の明瞭な対比がものや空間のエッジやヴォリュームを強調する。光と建築造形の主要な型の一つであろう。しかしながらその視覚的効果は、天候に左右されることはもちろん、その土地の太陽光の特性によって大きく異なる。

北欧の光

　北緯66度33分以北の北極圏をも含む北欧地域では、太陽光が極度に乏しく低い高度の光が支配する冬期と1日中明るい夏期を併存する特異な光環境のもと、光に対する独特の文化が形成されている。

　表1のデータを見てみると、フィンランド南端の首都ヘルシンキ（北緯60度）において、冬至の太陽は最も高く上がってもわずかに6度である。可照時間は6時間だがその頃は天候が悪いため、

95

写真1 「パルテノン神殿」紀元前438年／アテネ、ギリシア

写真2 「パンテオン」128年／ローマ、イタリア

		3月 (春分)	6月 (夏至)	9月 (秋分)	12月 (冬至)	年平均
ヘルシンキ N60°	平均気温[℃]	-1.9	14.6	10.7	-3.1	5.3
	相対湿度[%]	82	66	85	93	82
	南中時太陽高度[°]	30	53	30	6	30
	可照時間の太陽方位角範囲[°]	180	290	180	80	180
	可照時間[h／日]	12	19	12	6	12
	日照時間[h／日]*1	4.2	8.9	4.8	0.8	4.9
	全天空日射量[月積算:W/m²]*1	2079	5602	2398	152	2596
アテネ N38°	平均気温[℃]	12.8	26.2	24.4	11.8	18.8
	相対湿度[%]	67	54	54	70	61
	南中時太陽高度[°]	52	75	52	29	52
	可照時間の太陽方位角範囲[°]	180	240	180	120	180
	可照時間[h／日]	12	15	12	9.5	12
	日照時間[h／日]*2	6	10	7	3	6.5
	全天空日射量[月積算:W/m²]*3	6713	9552	6863	3071	6624
東京 N34°	平均気温[℃]	9.4	22.1	23.8	8.7	16.3
	相対湿度[%]	55	72	71	52	62
	南中時太陽高度[°]	55	78	55	31	55
	可照時間の太陽方位角範囲[°]	180	240	180	120	180
	可照時間[h／日]	12	14.5	12	10	12
	日照時間[h／日]*1	5.3	4.1	3.9	5.6	5.2
	全天空日射量[月積算:W/m²]*4	3542	4140	3473	2087	3578
ムンバイ N19°	平均気温[℃]	27.1	29.3	27.8	26.5	27.7
	相対湿度[%]	69	80	83	69	75
	南中時太陽高度[°]	71	85	71	48	71
	可照時間の太陽方位角範囲[°]	180	230	180	130	180
	可照時間[h／日]	12	13	12	11	12
	日照時間[h／日]*5	9.1	5.4	4.9	9.8	7.3
	全天空日射量[月積算:W/m²]*6	7979	6072	5677	5547	6442

表1 都市の気象・日照条件

注：表中の数値に関しては、原データの統計年などが統一されていないので、あくまで概算参考値として捉えてほしい。平均気温、相対湿度の数値は『理科年表 平成25年度版』(丸善) 1981-2010年の平均値。南中時太陽高度、可照時間の太陽方位角範囲、可照時間 (h／日) の数値は「日の出日の入り計算サイト」(カシオ計算機) を用いて2014年の春分、夏至、秋分、冬至にて算出。

*1 Climatological statistics of Finland 1981-2010, *Finnish Meteorological Institute Reports 2012,1.*, 2012, Finnish Meteorological Institute (1981-2010年の平均値)
*2 Holiday Weather. com (ウェブサイト)
*3 J. D. Karalis et al., *Estimation of global, direct and diffuse solar radiation in Athens under clear sky conditions*, Archives for meteorology, geophysics, and bioclimatology, Series B, 1982, Volume 31, Issue 4, 1982 (20年間の平均値)
*4 *Climate Design Data 2009 ASHRAE Handbook*, 2009, American Society of Heating, Refrigerating and Air-Conditioning Engineers
*5 climatemps. com (ウェブサイト)
*6 *Solar Radiation Hand Book (2008)*, 2008, A joint Project of Solar Energy Centre, MNRE Indian Metrological Department (1986-2000年の平均値)

写真3　ヴィヨル・レヴェルほか「ガラス宮」1936年／ヘルシンキ、フィンランド。冬期の低い太陽高度の光

写真4　アルヴァ・アールト「ヴオクセンニスカ教会」1958年／イマトラ、フィンランド。太陽光が祭壇を直接照らす瞬間。当時の礼拝時刻である午前10時頃

明瞭な影ができるほどの晴れ間は1時間も訪れない（日照時間）。そして北極圏に入ると陽は全く昇らない。低い太陽高度の光とそれによる長い影に支配される北欧の日常生活は、日本人にとってはそれだけで非日常的な風景に思えてしまう（写真3）。建築内部空間においても斜めに射し込む美しい光をもつ例は数多い。

またこの地では、低い太陽高度の光を有効に取り込めるハイサイドライトが多用される。アルヴァ・アールトの図書館建築では読書のために気が散らないよう目線の高さに窓を設けないが、その上部においてハイサイドライトが扇形に広がる例が多い。低い高度の太陽光をとらえるとともに、扇形の広がりは太陽の運行を追うように形成されているかにも思える。そして夏になると太陽はなかなか沈まず北側にまで回り込む。ヘルシンキでは、夏至の可照時間は19時間で、方位角範囲にして290度だ。アールトによるムーラメ教会のパースやレイマ＆ライリ・ピエティラのカレヴァ教会におけるスケッチなどからも窺えるが、北欧では全方位から射し込む光をしっかりと意識して設計をする建築家が多い。

南向きを配置計画の明確な基準にする例が多いのも特徴だ。これは森の中に建設する場合など他に頼るべき秩序がないことにも依拠するが、できるだけ多くの光を導こうと南の方位を大切にしているのである。その意味で太陽が真南に来る正午という時刻も意識されることが多い。

さらに特別な時刻の太陽の方位角を基準にしてつくられている建築もある。アールトのヴオクセンニスカ教会は、建設当時の礼拝開始の時刻・午前10時に太陽光が祭壇を照らすよう教会の主軸が設定されている（写真4、現在はサマータイムの導入および礼拝開始時刻の変更により状況は異なる）。

なお、日本では西日は暑くて嫌われることもあるが、北欧においては西日は暖かさを運ぶものとして、また西は沈む夕日が眺められる方位として歓迎される。

さて北欧建築の象徴的なイメージの一つとして白い空間があげられよう。これは光に乏しい地において建物に取り込んだ少量の光をできるだけ有効利用しようとの意図をもつ（18頁参照）。後述する日本の伝統的建築空間に見られる闇の中で陰翳によって空間に濃淡をつけるのとは対照的に、アールトやヨーン・ウッツォンらによる柔らかい曲面

写真5 織田有楽斎「如庵」1618年／旧：京都・建仁寺の塔頭・正伝院内、現：犬山市・有楽苑内

写真6 「菅原家住宅」18世紀末期／旧：山形県鶴岡市松沢、現：川崎市・日本民家園内

に構成された空間は、白い全体性の中で微妙に異なる濃淡が空間の差異をつくり出していく（62頁参照）。同じ白でも、初期のル・コルビュジエのような幾何学的形態による光と影の対比を見せる作品群とは異なるものだ。また地中海地方などにおける白い空間は、強い日差しをできるだけ反射させ、熱を帯びさせないようにする意図もあり、北欧のそれとは意図や期待する効果も異なるものである。

日本の光

谷崎潤一郎『陰翳礼讃』からの引用でよく示されるように、日本の伝統的な建築においては、屋根によって上方が規定され、その下の深い闇の中で、陰影の綾で空間がつくられていること、太陽光は軒や庇に遮られ内部に直接射し込まず、外部の地面や縁側などに反射し跳ね上がり、軒裏や天井に何度も反射を繰り返しながら奥の座敷まで光が導かれることなどが特徴として指摘される。これらは総じて方向性のある直射日光によるものではなく、拡散光を主として展開されているものだ。障子のように透過する素材だけでなく、畳、砂壁といった反射素材も強い拡散性をもつ。拡散した光がそれらでさらに拡散反射し、ぼんやりとした光がさらに醸成されていく。

にじんだような曖昧な影、異なる方向からの拡散光による多重の影が障子面に映る様、畳を這うように伝う拡散光の情景などは、日本の伝統的建築がもつ光の特質の一側面を示している（写真5・6）。そしてこれらの光の特徴は、湿度が高く曇天光が多い日本の気候風土との関わりのもとで発展してきたと指摘できるであろう。

色彩でも顕著な特徴が見られる。日本では、太陽光が地上に到達するまでに湿気の高い大気を通ることで、波長の短い側の色が散乱され、何を見ても全体的にグレーがかった色に見えることなどが指摘される。

色彩の魔術師とも言われるメキシコの建築家ルイス・バラガンは、その土地に咲くブーゲンビリアの花の色や鮮明な原色をよく用いるが、それらの色はメキシコの強い日差しのもとで映えるのであり、日本で同様の色彩を用いた場合は、なんとも引き締まらない感覚を経験することになる。

利休鼠色、藍色など日本の伝統色は、原色に

写真7　ルイス・カーン「アユブ国立病院」1969年／ダッカ、バングラデシュ

写真8　ル・コルビュジエ「繊維業者協会会館」1956年／アーメダバード、インド

は程遠いくすんだ色が多いが、これらは湿気を含んだ日本の光がベースに生まれているのである。

灼熱の地における巨匠たちの作品

　最後にインドやバングラデシュ、あるいは赤道直下の地域など、灼熱の地における巨匠たちの作品を紹介しよう。これらの地域は、年間を通じて高温で、高い位置から降り注ぐ強い日差しの制御が大きな課題となる。年間の全天空日射量を比較すると、たとえばインドのムンバイでは、東京の約1.8倍、ヘルシンキの約2.5倍になる。

　ルイス・カーンは赤道下ルワンダのアメリカ領事館計画案において、現地で見られた格子状の強い光と影の対比が視環境によくないとし、窓の前にもう1枚壁をつくり二重の開口部とすることで照り返しのまぶしさを取り除く計画をしている。またバングラデシュ・ダッカのアユブ国立病院では、並列させた多層のポルティコによって光を弱めながら奥へと導く空間的なアイデアを実現している（写真7）。

　ル・コルビュジエは、インド・アーメダバードにおいて、その土地の太陽の動きを綿密に計算したブリーズソレイユを建物に付加し、涼しい光と影のバッファーゾーンをつくり出した（写真8）。

　北の雄のアールトによるイランの美術館計画案では、何度も透過と反射を繰り返す多重の制御板をもつトップライトが発案された。またバグダードにおける幾つかの計画案群では、北側に開口を持つトップライトの多用が特徴的だ。

　以上、極度に強い日差しと暑さのもとでは、厳しい気候風土への対応が必然的に新しい採光方法を生み出し、それらが建築の造形を大きく決定づけている点が興味深い。

　さて、光と地域性に関して参考になりそうな事例を断片的にあげてみたが、季節によって異なる光、直射光が射す晴天時と曇天時、何をもってその地域を代表する光とするかなど難しい側面も感じた。また紙面の都合でゴシック建築のステンドグラスに凝縮された光に包囲された空間と、北フランス、ドイツ、イギリスなどの暗くどんよりした空との関係には触れられなかった。異論が出ることも含め、本稿が光と地域性の関係を考えるよいきっかけになれば幸いである。

COLUMN

見え方を決める画像の合成　中村芳樹

見え方の変化を
合成された輝度画像から考える

　駿府教会(84頁)や金沢21世紀美術館(88頁)で報告した輝度分布がもたらす見え方の変化を、輝度画像を用いて具体的に検討してみよう。輝度画像は、精度の高い白黒写真であると考えればよいから(28頁、「輝度の効果を推定する」参照)、どのような白黒写真が撮れるだろうかと想像しながら、本書で掲載している疑似カラー表示された輝度画像を白黒写真に読み替えて考えていけば理解が容易になる。駿府教会ではルーバー壁面の輝度画像が、金沢21世紀美術館ではガラス面の輝度画像が、どのようにつくられ、どのように変化していくのかを考えてみる。

切り貼りによる画像合成

　駿府教会では、まず、壁面の水平ルーバーが全くない状態を考えてみる。このとき輝度画像(すなわち白黒写真)は、明るい色の木のトラスが、中空壁の奥側にある黒い壁を背景として連続して見えるというものとなる。そして実際には、この輝度画像が手前のルーバー越しに見える。すなわち、この輝度画像から、水平ルーバーと重なった部分が横ストライプ状に切り取られ、ルーバーの隙間から見える部分だけが残る。そしてルーバーによって切り取られた部分には、ルーバーの輝度が与えられる。すなわち、実際に見える輝度画像は、中空壁内部の黒いトラスを背景とした輝度画像と、手前の水平ルーバーからなる輝度画像が組み合わされたものとなり、組み合わされる2つの輝度画像の関係で、実際に見える空間の見え方は変化する。

　まず、中空壁内部の輝度画像を考えてみると、トラスが浮き立って見えることが重要だが、トラスの見えやすさ、すなわちトラスの視認性は、トラス材のサイズ、輝度コントラスト、対数輝度平均で決まるから(28頁、同コラム)、室内から見たとき、トラス材が十分大きく見え、トラスの色と背景の色との間のコントラストが高く、十分な光の量があることが必要となる。さらにこの輝度画像に手前の

水平ルーバーがつくり出す輝度画像が組み合わされる。トラスが浮き上がって見えるかどうかは、合成された輝度画像を用いて、トラス材を視対象として見たときの正対比（視対象の輝度が背景よりも高い対比）の視認性と、水平ルーバーの視認性を比較して検討すればわかるが、この際特に重要なのは、ルーバーの隙間から見えるトラスにとって、ルーバー面が背景輝度の一部となる場合で、このような条件で、ルーバー輝度がトラス輝度より高くなると、トラスは負の輝度コントラストをもつことになり、沈んで見えなくなる。

重畳による画像合成

　次に、金沢21世紀美術館のように、ガラス面越しに屋外から室内を見た場合の輝度画像を検討する。ここでも、まずガラス面がない輝度画像を考えてみると、この画像には室内の様子が映し出されている。この輝度画像をガラス越しに見るから、まずガラスの透過率がかかる。しかしこれは画像に一様な比率としてかかるため、輝度値は下がるものの分布特性（画像内の輝度コントラスト）はほぼ完全に保存され、見え方に大きな影響を及ぼさない。しかし実際には、この画像に、外部の景色が正反射してできる輝度画像が重ね合わされ、目に見える輝度画像に合成される。この重ね合わせでは、2つの輝度画像の輝度値が単純に足し合わされる。足し合わされた輝度画像を用いれば、さまざまな部分の見え方を輝度コントラスト評価図を利用して検討することができるが、特に重要なのは、一様な輝度画像（一定輝度の画像）が重ね合わされた場合でも、もともとの輝度画像の視認性が下がることである。ある輝度画像に一定輝度が足し合わされると、輝度比として表現される輝度コントラストは下がり、その結果視認性は下がる。

　このように、われわれの目に見える輝度画像がどのように合成されつくり出されているかを考えると、見え方がどのように変化していくかを正しく推定することができる。ガラス面とルーバー面では、2つの輝度画像の合成のされ方が異なることから、見え方の変化の様子も異なることになる。

建築照明のシミュレーション　吉澤 望　COLUMN

建築照明設計におけるシミュレーション

　20世紀後半のコンピュータグラフィックス技術の発展によって、建築設計においても照明のシミュレーション（コンピュータ上で光の振る舞いを計算して照明環境を予測すること）を本格的に行うことができるようになってきた。照明環境を予測するためには、まず3次元形状を作成（モデリング）し、素材（マテリアル）の設定をし、光源（ライティング）を組み込んでから、照明計算を行う必要がある（図1）。このうち3次元形状の作成については、建築設計で用いられているさまざまなプログラムが利用可能であり、かなり正確な形状を再現することは不可能なことではない。一方で、素材や光源の設定については、現在のプログラムでは現実世界の〈完全な〉再現はなかなか難しいために、何らかの単純化が必要となることも多い。さらに現実的な時間で計算結果を出すために、計算アルゴリズム（光の振る舞いを計算するための手順・方式）上においてもさまざまな工夫がなされる。それにより、シミュレーションの結果は、たいてい現実の照明環境との間にズレを生じていることを常に認識しておく必要がある。また、照明のシミュレーションを行ううえでは、美しい画像を出すこともプレゼンテーションのためには時に必要になるが、本来は正しく信頼できる結果が得られることが大切である。一般的なコンピュータグラフィックス用のプログラムの場合、現状では美しい画像を出すことに注力していて、正しい測光量の出力についてはおざなりになっているものも多い。照明シミュレーションを行ううえでは、まず輝度・色度といった測光量の算出をもとに、現実の空間における見え方を考えていく必要がある。

照明シミュレーションの可能性

　照明シミュレーションに特化したプログラムとしては、現在Radiance[*1]やDIALux[*2]がよく使われている。いずれも後述する光源の取り込みや照度分布・輝度分布による計算結果の算出といった点で優れた機能を持っている。各メーカーの光源を直接入力できる点や使いやすさの点ではDIALuxが勝り、昼光照明の計算を含む応用性の高さなどではRadianceが優れていると言えよう。将来的には

形状作成 → 素材設定 → 光源設定 → 照明計算

レンダリング画像　輝度画像　輝度分布データ

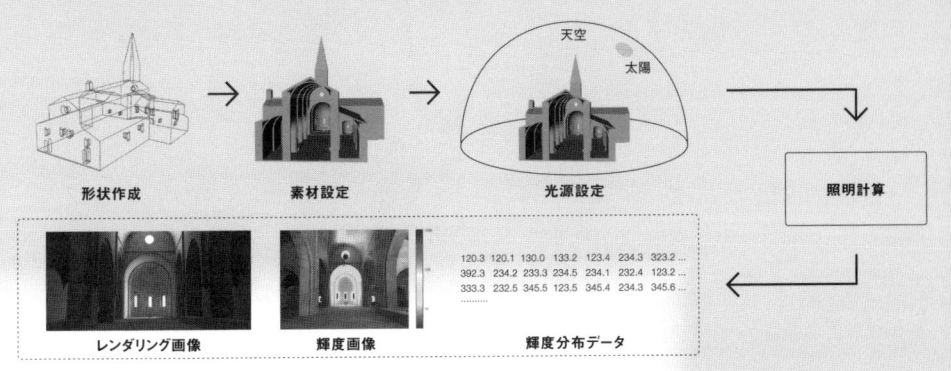

図1　照明計算のプロセス　形状作成→素材設定→光源設定をもとに照明計算を行う。結果として輝度分布データ・輝度画像、さらにはレンダリング画像などが得られる

多くのシミュレーションプログラムにおいて、輝度・色度分布のデータが出力できるようになれば、建築照明設計に使用可能なプログラムの幅が広がるであろう。図2は原邸（設計：原広司）の照明環境を年間を通して30分間隔で計算した際のレンダリング画像である。トップライトからの自然光の配分によって部屋の配置が考えられた住宅であるが、現在のシミュレーション技術を用いれば、年間を通した照度や輝度の分布は容易に得られる。図3は国立西洋美術館を例に、トップライトにブラインドを設けた場合の年間の絵画面照度を算出した際のレンダリング画像である。一般に油絵の絵画面照度は200 lx以下とすることが求められるが、実際に年間を通してどの程度の照度変動となるかといった検討は、昼光のデータを用いたシミュレーションによらなければ不可能である。

素材の設定

照明計算において基本となる素材（マテリアル）は全ての方向から見た輝度が等しくなる均等拡散面である（105頁図4左）。完全な均等拡散面は現実の空間では存在しないが、一様な曇天空や平滑な乳白パネルなどは比較的それに近い。均等拡散面と想定してしまえば、物性値の入力は拡散反射率のみでよいので、データの入力が容易である。

一方、普通の素材は見た目は拡散性が高くても、実際には光を反射する角度によって光の強さが異なってくる（図4中央）。多くのシミュレーションプログラムにおいて、複雑な反射特性をもった

図2　原邸（設計：原広司）のシミュレーション　標準年データを用いて計算すれば、年間を通した室内の照明環境を予測することが可能となる。このような天窓の効果を予測することは、現状の照明シミュレーションプログラム（Radianceなど）で十分に対応可能である

図3 国立西洋美術館（設計：ル・コルビュジエ）のシミュレーション　標準年データを用いて計算すれば、年間を通した絵画面照度を予測することが可能となる（照明計算：東京理科大学吉澤研究室、モデリング：前田建設工業。「国立西洋美術館本館調査報告書」〈2010年2月〉より引用）

マテリアルを組み込むことは可能になっているが、実際の照明設計の場でシミュレーションを行おうとすると、そのための正確な物性値を入手することがそもそも難しいことが多い。

鏡のような材質は、入射角と反射角が等しい正反射（鏡面反射、図4右）となる。計算アルゴリズムによっては、正反射成分の計算を苦手とするものがある。現状では、たとえば正反射の割合が高くて複雑な形状をもつブラインドやルーバーがついている窓からの光の空間全体への影響を、十分な計算精度と実用性（計算時間）を両立させながらシミュレーションを行うことは、一般的に用いられている照明シミュレーションプログラムではなかなか難しく、今後の課題である。

光源の設定

a. 昼光照明

自然光による照明環境をシミュレーションするためには、太陽と天空のデータが必要となる。このうち天空については一様天空（全て輝度が等しいと仮定した天空）が最も簡単な設定であるが、実際の曇天空のもとでの計算結果と比べるとかなりの誤差が生じる。最近ではCIE 標準晴天空（雲のない快晴の天空の輝度分布）・CIE 標準曇天空（厚い雲に覆われた曇天）を選ぶことができるシミュレーションプログラムもあるので、晴天時や曇天時の検討についてはそちらを用いるとよい。さらに日本国内のある地域での照明効果を年間を通して検討したい場合は、拡張アメダス気象データから井川憲男らの天空輝度分布モデル「i-All Sky Model-L[*3]（2012）」に基づいて、年間の天空輝度分布データを予測する方法がある。東京圏であればRadiance形式の標準年気象データ（天空輝度分布データおよび太陽輝度データ）が提供されている。

b. 人工照明

人工照明の効果を正確に計算するためには、セイナヨキの教会（18頁）に示すような光源の配光のデータが必要となる。国際的には多くの照明メーカーがIES（北米照明学会：Illuminating Engineering Society of North America）が定めた形式によるデータ（IESデータ）を公開しているため、ホームページなどからダウンロードして

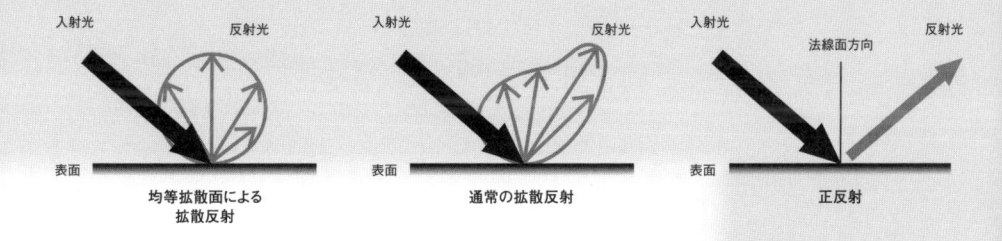

図4 均等拡散面による拡散反射（左）、通常の拡散反射（中央）、正反射（右）

使用することが可能である。日本においても徐々にIESデータの公開が進みつつあるが、もし入手できない場合は配光特性図の情報をもとにシミュレーション用のデータを作成する必要がある。

照明計算のアルゴリズムについて

　照明シミュレーションの計算アルゴリズムは、大きくは光線追跡法（レイトレーシング）と光束伝達法（ラジオシティ）に分類される。いずれの手法も特有の癖をもっているので、シミュレーションを行う場合にはその特徴を把握しておく必要がある。古典的な光線追跡法は、その名の通り光線の挙動を追跡していくものだが、実際にはその計算負荷を現実的なものにするために、モンテカルロ法[*4]のような確率的な処理や、双方向レイトレーシングのように視点と光源の両方から光線の挙動を探る方法など、さまざまなアルゴリズムが開発されている。一方、光束伝達法は空間内を細かい面に分割してそれぞれの面同士のエネルギーのやり取りを計算するアルゴリズムで、熱負荷計算の分野では古くから利用されてきた手法である。拡散反射による環境光を比較的短時間で正確に計算できる一方で、鏡面反射の計算には対応しない。

　照明シミュレーションプログラムの精度については、関連学会等で検討結果が公開されている場合もあるので、最新の情報を確認されたい。

注
*1　1980年代からグレッグ・ワード（Lawrence Berkeley National Laboratory）によって開発が進められたフリーの照明シミュレーションプログラムで、近年は日本においてもその利用が徐々に広がっている。照明計算アルゴリズムとしては光線追跡法（Backwards Raytracing）が採用されており、視点位置から光線の流れを辿ることにより各部分の放射輝度（radiance）が算出される。
*2　ドイツのDIAL社が開発・配布しているフリーの照明シミュレーションソフトで、その使いやすさから利用が広がっている。
*3　水平面全天日射量や晴天指標・太陽位置などを変数として、天空輝度分布を定量的に数式表現するモデルで、拡張アメダスデータをもとに各地の年間の天空輝度分布を予測することができる。
*4　乱数を用いたシミュレーションを行うことにより近似解を比較的短時間で求める計算手法。

おわりに

　光環境デザイン小委員会で毎年開催してきたシンポジウムの成果をまとめて本にしようという話が持ち上がってから約5年、このたびようやく完成まで漕ぎ着けることができました。シンポジウムでは、ほぼ毎回お呼びした建築家の設計した建物の実測を行って、なぜそのような光環境になっているのか、さまざまな観点から〈光の建築を読み解く〉作業を行ってきました。ただ実際に本の構成を議論し始めると、こちらの建物を取り上げた方が話がわかりやすくなるのではないかとか、光の建築というからにはこの建物は落とせないなど、喧々諤々の議論になり、最終的にはシンポジウムで取り上げた建物だけにこだわることなく、日本を含む世界各地の全31件の建物から構成される本となりました。もちろんこの過程で抜け落ちてしまった建物も数多くあり、また日本の伝統的建物の光に対する記述がまだ十分ではありませんが、それらについてはまた別の機会に取り上げていきたいと思います。

　シンポジウムを聴講されている方から、建築の光は感覚的なものであるから、数値では扱えないのではないかという意見が出されることもあります。しかし、その領域の話に行く前に、まずは光の振る舞いを物理的にとらえて、それが人間の視覚にどのような影響を与えるのかを知っておくことは、建築設計を進めるうえでも大きな助けになるはずです。たとえばル・トロネ修道院で感知できるような光に包まれるかのような体験が、今回の分析だけで語り尽くされたわけではありませんが、その不思議な感覚に迫る一つの謎解きの手段にはなり得るでしょう。

　建築の光を専門としていて一番楽しいことは、その現場に行って〈驚き〉の体験をすることといっても過言ではないかもしれません。古い建築であれ新しい建築であれ、建物の中には思いがけない光の現象や美しい現象が数多く潜んでいます。これから建築を志す学生、あるいは光の建築に興味を持ち始めた方は、まずは実際に光の面白さを味わっていただき、どうしてこのような現象が起こるのだろうという疑問が湧いたら、本書などを通してそのヒントをつかんでもらえればと思います。幸い最

近はスマートフォンやデジタルカメラで使用可能な輝度計測用のアプリなども出始めていますので、不思議な現象に出合ったら、輝度を測定して眺めてみてはいかがでしょうか。それが光の現象の成り立ちを解明する第一歩につながっていくでしょう。
本書が光の建築を読み解いていく手助けになることを願っています。

2015年8月

　　　　　日本建築学会 環境工学委員会
　光環境運営委員会 光環境デザイン小委員会

索引

あ行

明るさ画像	22、31
明るさの同時対比	36
明るさ知覚	22、29、36
一様天空	104
色温度	49
色の恒常性	43
色の見えのモード	70、76
ウェーブレット変換	31
エッジ	59、60、64、68

か行

拡散反射	17、103
可視光	42
間接光	20
ガンツフェルト	64
輝度	16、28、60
輝度画像	28、100
輝度勾配	64
輝度コントラスト	28
輝度コントラスト評価図	29
輝度色度計	42
輝度対比	60
輝度分布	28、86、90
逆対比	29

吸収率	20
鏡面反射	15、104
均等拡散	103
均等拡散面	17
空間定位	26
グレア評価	29
顕色系	43
コーンスイートの錯視	36
光源色	81
光線追跡法	105
光束伝達法	105
コントラスト・プロファイル法	28

さ行

彩度	43
色相	43
色度	43
色度図	43
色票	43
視対象	28
視認性	29
シミュレーション	102
視野角	64
順応	21、36、40
条件等色	42

照度	15、16
スペクトル刺激値	42
正対比	29、59、101
正反射	15、104
相互反射	21
側窓	19

た行

直接光	20
透過率	20
等質視野	26、64
トップライト	53

な行

入射角	15、90

は行

配光曲線	20
ハイサイドライト	23、63
反射角	15
反射率	20、40、90
反対色	39、41
光の3原色	42
表面色	76
物体色	40、77

ブルーモーメント	48
フロートガラス	90
フローレンス	68、77

ま行

マンセル色立体	43
マンセル表色系	43
明度	17、43
面色	77
モアレ	93

ら行

ラジオシティ	105
リアル・アピアランス画像	31
ルーバー	85、100
レイトレーシング	105

英字

DIALux	102
Radiance	102
sRGB	31

参考文献

吉村行雄（写真）、川島洋一（文）『アスプルンドの建築 1885-1940』2005年、TOTO出版
『フランク・ロイド・ライト全集　第7巻　モノグラフ 1942-1950』二川幸夫（企画・撮影）、
1988年、A. D. A. EDITA Tokyo
Nell E. Johnson ed., *Light is the Theme - Louis I. Kahn and the Kimbell Art Museum*,
1975, Kimbell Art Foundation
Jørn Utzon, *Jørn Utzon Logbook Vol.II - Bagsværd Church*, 2005, Editon Blondal
磯崎新『磯崎新の建築談議 #05　ル・トロネ修道院［ロマネスク］』2004年、六耀社
鈴木元彦『鈴木元彦写真集　光と祈りの空間―ル・トロネ修道院―』2012年、サンエムカラー
Yves Esquieu, Vanessa Eggert, Jacques Mansuy, *LE THORONET Une abbaye cistercienne*,
2006, Actes Sud
Jean Guyou, *Le Thoronet - Conception d'une abbaye*, 2014, COQ AZUR
Jean Guyou, *Le Thoronet - Symbolisme et édifice*, 2014, COQ AZUR
『新建築』1998年6月号、新建築社
『a+u 2003年11月臨時増刊号　マスターズ・オブ・ライト1　20世紀のパイオニアたち』2003年、新建築社
千葉学、安田光男、山代悟、藤本壮介『僕たちは何を設計するのか―建築家14人の設計現場を通して』2004年、彰国社
小泉隆『アルヴァル・アールト　光と建築』2013年、プチグラパブリッシング
小泉隆『フィンランド 光の旅　北欧建築探訪』2009年、プチグラパブリッシング
香山壽夫『建築意匠講義』1996年、東京大学出版会
谷崎潤一郎『陰翳礼讃　改版』1995年、中央公論社
齋藤裕『カーサ・バラガン』2002年、TOTO出版

図版・写真クレジット

SANAA	89下
Steve Swayne	52
阿野太一	64、74上
青森県立美術館	73下
伊東豊雄建築設計事務所	61下
小川ユウキ	71
小澤広明	70
川野裕基	86下、90上
北村薫子	54
小泉隆	26、27、55、96-99
沢木和樹	75下
彰国社写真部	73上、86上、89上、94下右
彰国社編集部	39上
新建築社写真部	84、85
鈴木千穂	72
中川敦玲	93
中村芳樹	20、21、25、35、38、39下、46下、90下
西川公朗	47
浜松市秋野不矩美術館	75上
畑拓（彰国社）	36、91、92
坂東卓	18、19、22、23、24下、34、39中、41上、46上、53、94上
槇総合計画事務所	94下左
吉澤望	14、24上、41下、51、58、60、61上、62、66、74下、77-81、88

イラスト

山本真由美

編集協力

臼井萌里
川嶋士雄人

111

光の建築を読み解く

2015 年 9 月 10 日　第 1 版　発　行
2025 年 5 月 10 日　第 1 版　第 3 刷

　　　　　　　　　　編　者　日 本 建 築 学 会
著作権者と　　　　　発行者　下　出　雅　徳
の協定によ　　　　　発行所　株式会社　彰 国 社
り検印省略
　　　　　　　　　　　　　　162-0067 東京都新宿区富久町8-21
自然科学書協会会員　　　　　電話　　03-3359-3231(大代表)
工学書協会会員
Printed in Japan　　　　　　振替口座　　00160-2-173401
Ⓒ日本建築学会　2015年　　　　　　　　印刷：真興社　製本：誠幸堂
ISBN 978-4-395-32047-9 C3052　　https://www.shokokusha.co.jp

本書の内容の一部あるいは全部を、無断で複写(コピー)、複製、および磁気または光記録
媒体等への入力を禁止します。許諾については小社あてご照会ください。